주일학교 · 선교원 / 유치원 선생님을 위한

손인형극 교본

서 성 복 저

도서출판 영문

책 머리에

할렐루야!
제가 13년동안 인형극 선교활동을 통해서 느꼈던 것을 부족하나마 정리를 해보았습니다. 사실 인형극 하면 내가 할 수 있을까? 또는 재능이 있어야 할 수 있다는 인식이 있는 것은 사실입니다. 그래서 각 교회에서 어린이 초청잔치나 성경학교 등 행사를 할 때 으레 인형극 하는 사람을 불러서 하는 경우가 많습니다. 저도 많은 교회에 초청되어서 가보면 조금만 노력하고 준비한다면 충분히 할 수 있는 분들을 많이 보았습니다. 인형극은 절대로 어렵지 않습니다. 누구나 할 수 있습니다. 하나님께서 우리에게 손발을 주시고 입을 주셨습니다. 이제부터 시작하셔도 됩니다. 그래서 이 책을 통해서 누구나 손쉽게 인형을 만들고 공연까지 할 수 있게 꾸며 보았습니다. 물론 완벽하지는 못하지만 최선을 다했습니다. 기도하시면서 준비하신다면 여러분도 훌륭한 인형극 연출자가 될 수 있습니다. 이 책에 미처 수록되지 못한 인형들은 후에 단편으로 쓰려고 합니다.

예를 들면 탈인형에 관한 책에서는 누구나 책을 보면서 탈을 만들고 옷만드는 방법까지 자세히 기술하겠습니다. 그리고 이책에서 미비한 성대묘사도 후에 성대묘사와 구연법을 통해 자세히 기술하겠습니다. 끝으로 이책이 나오기까지 수고한 아내와 영문출판사 사장님께 감사드립니다. 모든 영광을 주님께 돌려 드립니다.

자택에서
서 성 복

차 례

제 1 장 인형극의 이론적 배경 ··················· 11
  Ⅰ. 인형극의 이론 / 11
    1. 인형극이란 무엇인가? / 11
    2. 세계 여러나라 인형극 / 12
    3. 우리나라 인형극 / 13
    4. 인형극의 정의 및 어의 / 13
  Ⅱ. 인형극의 종류 / 14
    1. 인형극의 분류 / 14
    2. 인형극의 종류 / 15
  Ⅲ. 교회 인형극 / 23
    1. 교회 인형극이란 무엇인가? / 23
    2. 교회 인형극의 교육적 효과 / 23
    3. 교회 인형극의 준비 / 26

제 2 장 인형극의 제작 ························· 31
  Ⅰ. 손가락 인형의 제작 / 31
    1. 재료 / 31
    2. 제작요령 / 31
    3. 손가락 인형의 실제 / 32
  Ⅱ. 손인형의 제작 / 33

1. 종이 찰흙인형의 제작 / 33
   2. 스폰지 인형의 제작 / 42
   3. 인형의상 및 손과 인형 부착하기 / 53
   4. 손인형의 특수장치 만들기 / 60
   5. 인형 소품 만들기 / 64

제 3 장 무대장치 ·······················73
   Ⅰ. 무대장치의 조절 / 73
      1. 무대막의 높이 / 73
      2. 보이는 시선의 범위 / 74
      3. 옆에서 보이는 시각 / 75
      4. 밑에서 보이는 시각 / 75
   Ⅱ. 무대 만들기 / 77
      1. 간단한 무대 만들기 / 77
      2. 전문적 무대 만들기 / 80
      3. 무대와 조종사 / 86
   Ⅲ. 무대조명 / 87
   Ⅳ. 무대막의 종류 / 89
      1. 당겨 올림식 / 89
      2. 양쪽 당김식 / 89
      3. 변형 양쪽 당김식 / 90
      4. 한쪽 당김식 / 90
   Ⅴ. 무대 배경 / 91
      1. 무대 배경의 종류 / 92
      2. 무대배경의 여러 그림들 / 94

제4장 성대묘사 … 99
   I. 인형의 목소리 / 99
   II. 입술의 움직임과 발성 맞추기 / 103
   III. 성대묘사 / 104
      1. 휘파람 소리음 / 104
      2. 닭소리음 / 104
      3. 특별음 / 105

제5장 인형극 연출법 … 109
   I. 인형극 연출에 대하여 / 109
   II. 실감나는 인형극 연출법 / 111

제6장 인형극 대본 … 119
   I. 부자와 거지 / 119
   II. 욕심장이 심술통 / 126
   III. 삭개오 / 131
   IV. 아브라함과 이삭 / 136
   V. 시험을 이긴 욥 / 141

부록 … 149
   1. 인형 머리 제작을 위한 얼굴 / 149
   2. 성경인물의 머리 제작을 위한 얼굴 / 151
   3. 인형 제작을 위한 동물 그림들 / 153

제1장

인형극의 이론적 배경

제 1 장 인형극의 이론적 배경

Ⅰ. 인형극의 이론

1. 인형극이란 무엇인가

　인형이라는 것은 사람의 모양이나 동물, 식물 그외 여러 모양을 본따서 만든 놀잇감이다. 인형극은 배우가 무대에 서기 전에 연출에 따라 대사를 외우고 동작을 익힌 후에 조명이 있고 관객이 있는 무대에 서는 것과 같이 인형극도 배우 대신에 인형을 무대 위에 출연시켜 이것을 사람이 동작을 조정하고 연출하는 것이다. 인형극은 어른이나 어린아이들이 한자리에 앉아 즐겁게 관람할 수 있는 단순하면서도 극적인 흥미를 지녔다는 장점을 지니고 있다. 인형극의 특징이라고 한다면 인형을 조종하고 대사를 하는 사람은 관객에게 보이지 않도록 숨어 있지 않으면 안된다. 인형극에서는 내용을 관객에게 전하는 도구가 인형 뿐이기 때문에 다양한 인형의 재료와 인형조종자의 기술과 연출이 필요하다. 인형극에서의 인형은 배우로서 사람과 같이 자유로운 표정과 움직임, 목소리는 어딘가 부자연스럽다. 인형의 표현력은 주로 머리와 몸통, 팔의 운동에 집중되고 있다. 여기서 인형의 얼굴의 예술적 모습

즉, 개성을 지니고 있는 모습이 필요하다. 인형극은 여러가지 민화, 명작을 각색한 것, 우화극, 풍자극 등 모든 분야가 인형극의 대상이다. 극본의 줄거리가 복잡해지고 사상적, 정서적 내용이 깊어지면서 인형에 따른 연기의 가능성과 인형의 기술이 발달하여 가는 것은 자연스런 추세이다.

2. 세계 여러나라 인형극

가장 오래된 인형극의 기원에 대해서는 잘 알려진 것이 거의 없다. 동양에 현재 남아 있는 기록에서는 고대문명의 발상지인 이집트, 그리이스, 로마, 인도, 중국 등을 발상지로 보고 있다. 「유럽 인형극 역사」(1852)를 쓴 프랑스의 샤르르 마니앙은 고대 이집트와 그리이스, 로마를 인형극의 발생지로 말하며 독일의 라하르트 핏세르는 인형극이 인도에서 발생하였다고 주장한다. 기록상 제일 오래된 것은 10세기경 인도의 극중에서 인형이 등장하였던 것이 최초이고, 그후 12세기부터 13세기경에 이르러 유럽은 인형극의 황금시대를 맞았다. 1340년 란스베르그 수도원장의 기록에 의하면 이때 로마 전란으로 유랑인들이 스페인, 프랑스를 거쳐 독일까지 홀러 들어가면서 인형극을 행했다는 사실이 있으며 16세기에 와서는 「동키호테」의 작가 세르반테스도 인형극 극본을 썼다. 19세기에 들어오자 현대문명의 영화나 텔레비젼 등에 밀려 인형극이 사라지다가 1950년대 이후 영화와 텔레비젼이 인형극을 되살리는 역할을 했다. 한편 러시아의 인형극은 30년 가까운 역사를 지니고 있다. 현재 러시아의 인형극은 어린이를 위한 인형극으로 국민학교나 소년단의 보조교육수단으로 널리 보급되고 있다. 「돈·쥬앙」「말과 무사」「붉은 꽃」「사슴왕자」와 무언

손 인형극「호랑이와 사람」등 여러 작품들이 있다.

3. 우리나라의 인형극

 문헌상으로는 고구려 시대이고, 삼국시대 이전까지 생각해 볼 수 있다. 오늘날까지 남아 있는 것은「꼭두각시 놀음」과「발탈」뿐이다. 무형문화재 제3호인「꼭두각시 놀음」은 내용이 처음에는 민중의 축제나 모임에서 놀아지다가 점차 봉건체제의 지배층과 비지배층간의 대립에 의하여 전형적인 민중 연희로 발달된 것으로 보인다. 또 무형문화재 제79호인「발탈」은 발에 탈을 쓰고 연희하는 유일한 인형극으로 필자가 7, 8년전에「꼭두각시 놀음」과 같이 본적이 있는데 내용은 서민생활을 담고 있었다.
 그러면 현대 인형극은 갑오경장 이후부터 태동하기 시작하여 일제 치하에서는 교육용으로 학교에서 조금씩 활용되었고 해방 때에는 미군정에서 홍보용으로 사용되다가 6·25로 잠시 중단되었다. 이후 1960년대에 텔레비젼 방송국이 생기면서 인형극이 활기를 찾기 시작하였다. 또한 1970년대 말에는 국제 인형극 연맹 한국본부가 생겼으며 1982년에 한국 인형극 협회가 발족되었다.

4. 인형극의 정의 및 어의

 (1) 인형극의 정의
 극적 활동에는 여러가지 종류가 있다. 사전에 아무런 연습과 무대장치없이 할 수 있는 즉흥극에서부터 장시간의 연습과 많은 경비를 들이는 연극에 이르기까지 여러가지가 있다. 예를 들어서 놀이(Role-Playing), 가면극(Mask-Comedy), 무언극

(Pantomime), 인형극(Puppetry), 심리극(Psychodrama), 사회극(Sociodrama), 연극(Pageant) 등이다.

그러므로 인형극은 이와같은 극적 활동의 한 분야이다. 다른 극적 활동과 다른 점이 있다면 인형을 만들어 이 인형을 무대 위에서 조정사가 조종하므로써 극화된다는 점이다.

(2) 인형극의 어의

① 인도 언어중에「산스 코릴」이라는 언어가 있는데 이 말 가운데 putrika, puhitrika, puttali 이것은「소녀」를 의미한다고 Pishel 교수는 기술하고 있다.

② Pidgeway 교수도 그의 저서에 첨가해서 말하기를 인도말뿐만 아니라 희랍어, 라틴어에도 인형극이란「소년」과「소녀」를 의미한다고 기술하고 있다.

③ 우리나라에서의 그 어의(語意)는 곽독(郭禿 : 꼭둑)은 중국의 곡독에서 한국의 꼭둑이 되었다고 하며, 이 꼭둑은 일본으로 건너가서는「구구쓰(ククツ)」로 불리우고 있고 우리나라는「꼭둑」의 뒤에 각시라는 말을 붙여「꼭둑각시「라고 불리우고 있다. 이「각시」란 지방에 따라「소녀」또는「신부」로 쓰이고 있다.

II. 인형극의 종류

1. 인형극의 분류

인형극은 크게 나누어서 위에서 조종하는 줄인형(마리오네트, marionnette), 밑에서 조종하는 손인형(기뇰, guignol), 뒤에서 조종하는 인형, 막대인형, 그리고 그림자 인형(실루에트, silhouette), 탈인형 등이 있다.
   (1) 제1분류

```
         ┌ 신성물              ┌ 위에서 조종하는 인형 - 줄인형
         │                    │                        ┌ 손인형
인형 ─┼ 완구                │ ─ 밑에서 조종하는 인형 ├ 손가락인형
         │                    │                        └ 막대인형
         └ 인형극용 ┬ 동적인 것 ┤ 뒤에서 조종하는 인형
                    │           ├ 그림자 인형
                    │           └ 탈인형
                    └ 정적인 것 ┬ 부직포 인형
                                ├ 헝겊인형
                                └ 그림인형
```

   (2) 제2분류

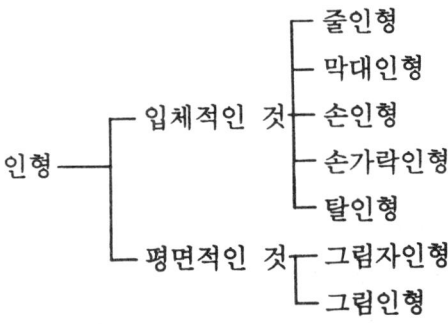

2. 인형극의 종류
   (1) 손가락 인형

 손가락인형은 손가락에 끼워서 사용할 수 있도록 만든 인형으로 무대극보다는 역할극으로 많이 쓰이며 간단한 극화학습에 이용하게 된다. 주일학교에서는 공과시간이나 오후설교시, 활동시에 사용할 수 있는 간단한 극화자료이다.

〈그림 1〉

(2) 손인형극

 손인형극은 프랑스에서 처음 생겨났다. '손인형극의 아버지'로 불리는 롤랭 무르게가 직접 만든 인형 중에서 관객들에게 가장 인기가 컸던 인형의 이름이 기뇰(Guignol)이었던 데에서 손인형의 대명사인 '기뇰'이 생겨났다. 일반적으로 손인형은 줄인형에 비해 기술상의 제한이 크지만 손인형은 쉽게 누구나 접할 수 있어서 좋은 면이 있다. 손인형에는 종이찰흙 인형, 종이죽인형, P.V.C 인형, 스치로폴 인형, 스폰지 인형 등이 있는데 제작하는데 어려움이 없고, 쉽게 재료를 구할 수 있고 누구나 만들 수 있는 스폰지 인형을 주로 기술하였다.

〈그림 2〉

(3) 줄인형극

줄인형은 '마리오네트(marionnette)'라고 부르는데 이것은 '성모마리아'에서 전환된 것이라고 한다. 이탈리아 베니스 사람들이 성경 중에 성스러운 이야기를 연출하는 '성스러운 상'으로서 '아리네트' 즉 '사랑하는 성 마리의 상'이라고 불렀는데 이것이 나중에는 '줄인형극'의 대명사가 되었다고 한다. 연구가들은 줄인형을 인형극의 원조라고 말하는데 그 역사는 백년정도이다.

〈그림 3〉

(4) 막대인형

막대인형은 말 그대로 막대기를 인형에 고정시켜서 조종하는 인형극이다. 이것을 장대 인형극이라고도 하는데 몸체를 손으로 대신해서 조종하는 손 인형에 반해서 막대기를 몸체 속에 꿰뚫어 넣어 인형을 고정시켜서 두다리를 늘어뜨리는 것이다. 인형의 제작이나 구조 등은 줄인형과 비슷하지만 밑부분이 조종을 위한 자루인 조종간이 막대기 및 장대로 되어 있고, 머리의 눈과 입 등의 동작을 위한 끈이 몸의 내부를 통해 장대 아랫부분에 연결되어 이것을 잡아 당겨서 연기를 한다. 이 인형은 여러가지 모양이나 크기의 것을 만들어 낼 수 있다. 더구나 이 인형의 팔의 관절은 어디로든 자유로이 움직이기 때문에 인간의 몸짓을 대개는 흉내낼 수 있다.

1인용　　　　　　　　　2인용

〈그림 4〉

(5) 그림자 인형극

　그림자 인형극은 '실루에트(silhonette)'이라고 한다. 즉 인형의 그림자를 스크린에 비추어 그 움직이는 인형의 그림자로 인해 연기가 진행되는 것을 말한다. 그림자 인형극은 고대 중국 한나라의 무제 시대에 생겼다는 것이 지배적인 설인데,「사기(史記)」에는 그림자 인형극의 기원에 대한 전설이 있다. 그림자 인형극은 인형의 그림자를 스크린에다 비치는 실루에트로 하는 것외에도 종이나 얇은 판자, 셀룰로이드, 플라스틱, 경금속 등의 재료로 만들며, 그림자 인형은 원칙으로 머리와 동체, 양팔, 양다리를 가지며, 관절을 갖고 있다. 인형은 손으로 들 수 있으며 가는 막대기나 대나무에 고정시켜서 양팔과 다리에도 조종할 수 있도록 가는 철사나 대나무를 붙인다.

〈그림 5〉

(6) 탈인형

요즘 텔레비젼, 영화 등에서 많이 소개되고 있으며, 각 교회에서는 특별행사시에 전도용으로 많이 쓰이고 있다. 필자는 여름성경학교, 유치원, 순회선교, 각종 프로그램에서 사용해 본 경험으로 보아서 어린이들에게 대단히 인기가 있는 것을 확인할 수 있었다.

〈그림 6〉

(7) 그림인형

종이에 그림을 그려서 그 그림을 극화자료로 쓰는 것으로 그 대표적인 것이 화극자료이다.

(8) 그외에 봉지인형, 장갑인형, 전자인형 등이 있다.

〈그림 7-1〉

알기쉬운 손인형극 교본 **21**

〈그림 7-2〉

〈그림 7-3〉

III. 교회 인형극

1. 교회 인형극이란 무엇인가?
(1) 정의

교회 인형극은 인형을 통하여 어린이들에게 하나님의 말씀을 쉽고, 재미있게 가르치는데 있다. 일반 인형극과 다른점이 있다면 교회 인형극은 오직 예수 그리스도를 바로 가르치고 성경말씀을 올바르게 전하는데 그 목적이 있다. 그러므로 교회 인형극을 하려면 많은 준비와 훈련과 기도함으로써 임해야 함은 두말할 나위가 없다고 하겠다. 필자도 13년간 공연하면서 부단한 노력과 눈물이 필요함을 절실히 느꼈다.

2. 교회 인형극의 교육적 효과
(1) 성경 이야기나 동화 등을 무대 위에 올려 흥미있게 전할 수 있다.

교회 인형극은 주로 성경말씀이다. 예를 들면 아담과 하와 이야기, 노아이야기, 삼손이야기, 다윗과 골리앗 이야기, 예수님의 십자가 이야기, 어리석은 부자 이야기 등 성경말씀을 소재로 한 것이 대부분으로 성경말씀을 쉽고 재미있는 이야기식으로 가르치는데 효과적이다.

(2) 인상에 오래 남는다.

시청각 교육의 효과는 통계로 살펴볼 때 인간의 감지력은 ① 시각이 87% ② 청각이 7% ③ 후각이 3.5% ④ 촉각이 1.5% ⑤ 미각이 1%이고 기억력으로는 ① 들은 것 10% ② 본것 50% ③ 듣고, 보고, 경험한 것 80%의 효과가 있다.

(3) 주위를 집중시킬 수 있다.

예배시간에 떠들고 설교 시간에 장난치던 어린이들도 인형극 시간에는 조용해지는 것을 볼 수 있다. 어느 교회에 공연을 하는데 개구장이 한명이 있었다. 필자가 인형극 무대를 설치하는데도 방해를 할 정도였지만 인형극이 시작되자 그 누구보다도 조용히 관람하면서 변하는 모습을 보았다.

이와같이 아무리 산만한 분위기에서도 몇가지 요령만 익힌다면 얼마든지 주위를 집중시킬 수 있다.

〈그림 8〉 제주도 서귀포 교회공연

(4) 인형극을 통해 얻어진 감동은 하나님의 은혜를 깨닫게 한다.

일반 인형극에서는 어린이들이 느끼는 것은 교훈적인 내용이지만 교회인형극은 예수 그리스도를 전하기 때문에 어린이들이 느끼는 것은 바로 하나님의 말씀이다. 어린이들은 은혜가 무엇인지 믿음이 무엇인지는 잘 모르지만 인형극을 통해서 전하다면 쉽게 알 수 있는 장점이 있다.

(5) 전도하는데 효과적인 자료이다.

우리가 전도를 할 때 전도지만을 갖고 갔을 때는 많은 어린이들은 전도지를 받지 못하고 제한된 어린이들만 받는다. 또한 전도지를 받은 어린이도 별 흥미를 느끼지 못한다. 필자가 노방전도를 할 때 탈인형을 쓰고 나가면 어른이나 어린아이나 할 것 없이 관심을 갖고 모여 드는 것을 볼 수 있었다. 그때에 전도지를 주면서 '인형극'을 한다고 하면 많은 어린이들, 심지어는 할머니, 할아버지까지 찾아오는 것을 볼 수 있다. 그 때에 인형극을 통해서 복음을 전하게 되면, 자연스럽게 주님을 영접하고 교회에 나오는 것을 볼 수 있었다. 그리고 그때 처음 나온 어린이들의 주소나 전화번호를 적어두어서 사후관리를 하면 더 많은 어린이들을 인도할 수 있다.

(6) 설교, 동화, 율동, 레크리에이션 등에도 효과적으로 사용된다.

인형은 꼭 인형극에만 사용하라는 법은 없다. 설교시에 양손에 인형을 끼고 대화하면서 하나님의 말씀을 전할 수 있고, 2부 활동시에 동화를 할 때도 인형을 사용하면 효과적이다. 또한 막대인형이나 탈인형 등으로 율동을 할 수도 있고, 레크리에이션 시간에도 주의를 집중시키기 위해 인형을 등장시킬 수 있다.

(7) 대상이 다양하다.

인형극하면 어린이가 연상이 된다. 인형극은 어린이들만 보는 것이다라는 생각이 들지만 사실은 그렇지 않다. 필자는 어린 아이 뿐만 아니라 중·고등학생들도 좋아하는 것을 보았고, 청년들과 어른들도 흥미를 느끼는 것을 보았다. 많은 교회에서 예배시간에 설교 대신에 공연을 해 본 경험으로는 많은 사람들이 은혜를 받았다는 말을 들었다. 필자가 대우전자 주부사원 교육시에 '르망이 내 눈 앞에'를 직접 극본을 써서 공연을 해 보았는데 가는 곳마다 호응이 좋았었다. 그러므로 인형극을 어린아이에게만 국한시킬 필요는 없다.

(8) 성탄절, 부활절, 어린이 부흥회 등 각종 행사에도 활용할 수 있다.

교회 절기 행사시에 그 절기에 맞는 인형극을 준비한다면 좋을 것이다. 부활절에는 예수님의 십자가와 부활에 관한 이야기, 추수감사절에는 '가라지의 통곡' 등 추수감사절의 내용을, 성탄절에는 예수님의 탄생에 관한 이야기, 어린이 부흥회, 친구초청잔치에서는 '부자와 거지', '다윗과 골리앗' 등 전도에 관한 이야기를 사용할 수 있고, 분기마다 성경말씀을 극화해서 계속 가르칠 수도 있다.

3. 교회 인형극의 준비

당신도 인형극을 연출할 수 있다. 거기에는 불과 몇시간의 준비작업이 따르지만 그것도 즐거운 작업인 것이다. 그러나 당신은 이 인형극을 통해 주 예수 그리스도의 생애와 교훈을 흥미진진하게 제시하여 보여 줄 수 있다. 무디 출판사의 편집인 레스리 스토브(Leslie Stobbe)는 "수동인형은 교사들이 사용할 수 있는 가장 재미있는 시청각 교재 중에 하나이다"라고 말하였다.

(1) 인형극을 하려면 알아야 할 과정

① 인형을 만들 수 있어야 한다.
② 인형 무대가 있어야 한다.
③ 인형 옷을 만들어야 한다.
④ 인형 극본이 있어야 한다.
⑤ 성대 묘사를 연습해야 한다.
⑥ 연출을 잘해야 한다.
⑦ 인형조종을 대사에 맞게 움직여야 한다.
⑧ 무대에 따라서 무대배경이 있어야 한다.
　무대가 강대상, 커튼, 책상 등에서 연출할 때는 배경은 필요없다.
⑨ 인형극에 필요한 인형외에 소품을 준비해야 한다.
⑩ 음향효과나 배경음악을 준비하면 더욱 좋다.

제 2 장

인형극의 제작

제 2 장 인형극의 제작

Ⅰ. 손가락 인형의 제작

  1. **재료** : 탁구공, 고무공, 찰흙, 점토, 박카스병, 빈갑, 장난감, 두꺼운 도화지, 인형 등
  2. **제작요령** : 손가락 인형은 손가락에 인형을 끼워서 사용한다. 인형의 머리를 만들어 손가락에 끼울 수 있도록 골무를 달면 된다. 양손을 사용할 경우 10개까지 사용할 수 있다.

〈그림 9-1〉

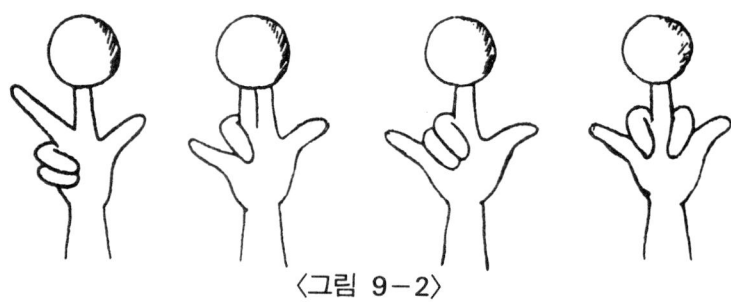

〈그림 9-2〉

3. 손가락 인형의 실제

〈그림 9-3〉

II. 손인형의 제작

이 책에서는 주로 손인형에 대해서 기술하였다. 앞에서 언급한 것과 같이 손인형에는 여러 종류가 있다. 종이 찰흙인형, 종이죽인형, P.V.C 인형, 스치로폴인형, 스폰지 인형 등이 있는데, 종이 찰흙과 스폰지 인형을 중심으로 기술하였고, 특히 쉽게 재료를 구할 수 있고, 누구나 간편하게 만들 수 있는 스폰지 인형을 중점적으로 다루었다.

1. 종이 찰흙인형의 제작

(1) 준비물
① 비닐장판지 : 지물포에서 구입, 너무 얇거나 두껍지 않은 것을 구입한다.
② 철사 : 철물점에서 구입, 14호 철사 또는 약간 가는 것도 괜찮다.
③ 투명락카 : 철물점에서 구입한다.
④ 신문지 : 신문지를 잘게 썰거나 물에 불린 다음 잘 으깬 후 풀을 섞어서 반죽을 만든다. 본드풀이나 설탕을 약간 섞으면 끈기가 있어 좋다. 신문지 대신에 문방구에서 종이죽을 사면 된다. 2봉지이면 인형한개는 만들 수 있다.
⑤ 그외에 : 모조지, 풀, 칼, 물감, 깔판, 세숫대야, 스카치테이프 등이 필요하다.

(2) 틀만들기
① 비닐장판을 자른다(크기 : 15cm×13cm, 3cm×7cm)

② 자기 손가락에 맞춰 크기를 크게 하거나 작게 해도 된다.

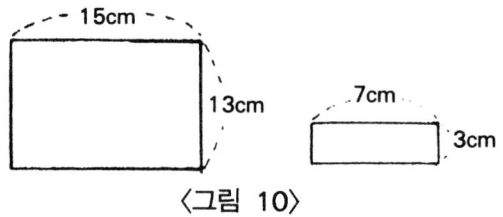

〈그림 10〉

③ 골무를 만든다.

긴 것은 검지손가락이 빽빽하게 들어갈 만큼 둥글게 말고 스카치 테이프를 붙이고, 작은 것은 검지 손가락의 끝의 마디가 들어갈 정도로 말고 스카치 테이프를 붙여 고정한다. 짧은 쪽을 세우고 긴쪽을 감는다.

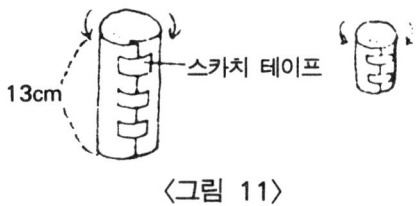

〈그림 11〉

④ 골무에 구멍을 내기

큰 골무를 그림처럼 첫째 마디와 두번째 마디사이(약 2cm) 만큼 잘라서 검지손가락이 바깥으로 나올 수 있도록 구멍을 낸다. 빗금친 부분은 잘라 버린다.

〈그림 12〉

⑤ 철사 끼우기

작은 골무에 철사를 2/3 부분 정도에 한가운데로 끼운다. 그리고 철사를 그림과 같이 7자 형태로 구부린다. 철사가 움직이지 않도록 스카치 테이프를 감아서 고정시킨다.

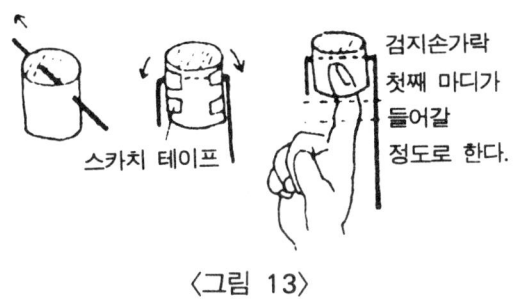

〈그림 13〉

⑥ 큰 골무에 연결시키기

검지 손가락을 큰 골무에 끼워서 구부린 다음 철사를 끼운 작은 골무를 검지 손가락 끝마디에 끼우고 움직이면 고정이 되는 점이 있는데 이곳을 그림과 같이 구부린다. 구부린 다음 고정점을 관통하고 구부린다.

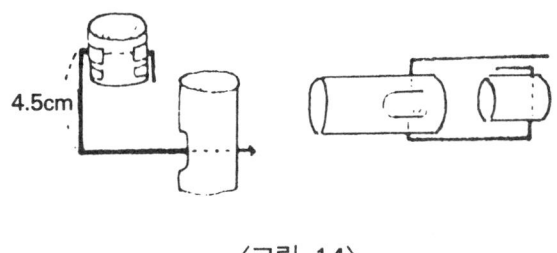

〈그림 14〉

⑦ 골무와 완성품(옆에서 본 모습)

검지 손가락을 끼워 작은 골무가 잘 움직이는지 확인한다.

검지손가락이 부드럽게 움직이어야 인형을 만들 수 있다. 만약에 작은 골무를 움직여 보아서 큰 골무가 고정이 안되고 작은 골무가 움직이는대로 따라서 앞뒤로 움직이면 약간 뒤쪽으로 다시 철사를 끼워야 한다.

골무틀이 완성되면 인형이 완성된거나 다름없다.

〈그림 15〉

(3) 머리 만들기

① 깔판에 신문지를 펴고 세숫대야에서 미리 물에 불린 신문지나 종이죽에 풀을 넣고 잘 반죽한다. 골고루 잘 반죽이 되어야 한다. 잘 반죽이 된 것은 끈기도 있지만 손에는 잘 묻지 않는다.

② 깔판에 신문지를 펴 둔다.

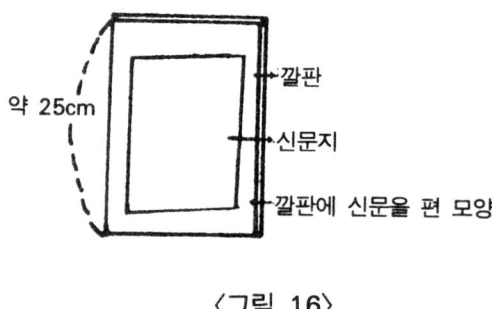

〈그림 16〉

③ 신문지를 편 깔판 위에 신문지 반죽이나 종이죽반죽을 1cm 정도의 두께로 편다.

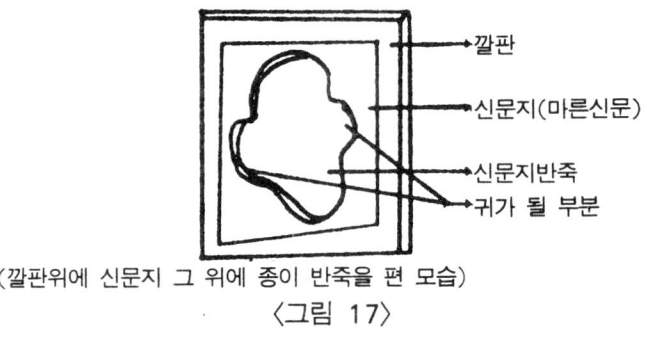

(깔판위에 신문지 그 위에 종이 반죽을 편 모습)
〈그림 17〉

④ 신문지 반죽이나 종이죽반죽을 편 곳에 골무완성품을 놓는다.

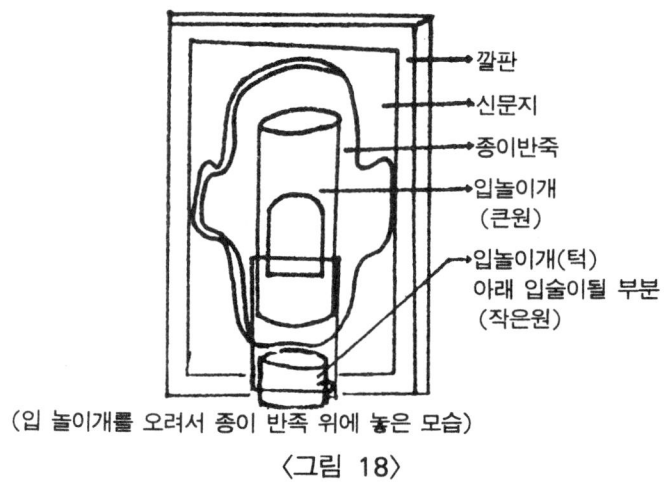

(입 놀이개를 오려서 종이 반죽 위에 놓은 모습)
〈그림 18〉

⑤ 그런 다음에 신문지 반죽이나 종이죽반죽으로 골무완성품을 싸서 보이지 않게 한다.

이때에 작은 골무와 철사 부분은 상하로 움직일 수 있도록 한다. 남은 반죽으로 얼굴모양을 만들어간다. 물을 묻히면서 모양을 꾸미면 쉽게 할 수 있다. 눈썹, 눈모양, 코, 귀모양을 만들고 입모양은 작은 골무에 반죽을 떠서 만들고 입을 다물었을 때 즉 작은 골무를 위로 올렸을 때 사이가 벌어지지 않도록 윗입술과 아랫입술(작은 골무)의 모양을 같게 만든다. 또한 목부분은(작은 골무 아랫쪽) 잘 붙여야 나중에 튼튼하다.

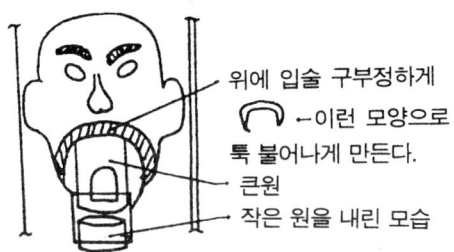

(인형 위의 얼굴을 만든 모습) 〈그림 19-1〉

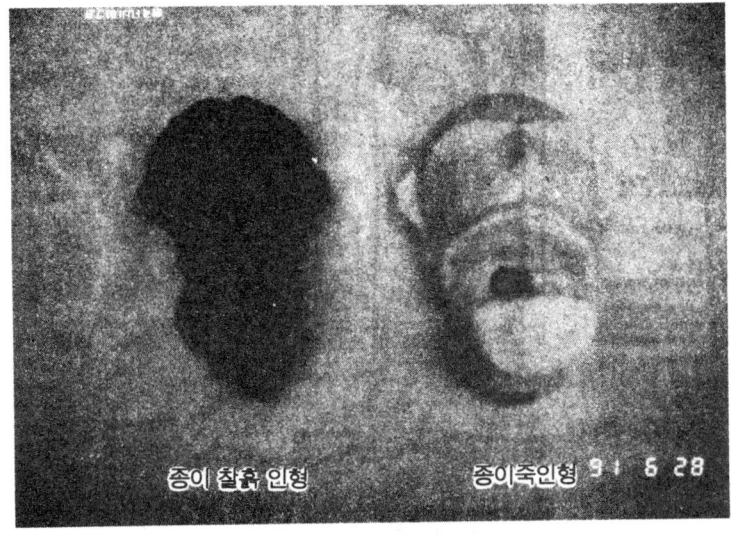

〈그림 19-2〉 종이찰흙인형 종이죽인형

⑥ 인형이 완성되었으면 말린다. 최소한 3-4일 이상 말려야 속까지 다 마른다. 만약 덜 말린 것을 사용하면 곰팡이가 생긴다. 빨리 말리기 위해 불에 살짝 돌려가며 구워도 된다. 위에 그림 중 검은 부분은 불에 탄 흔적이다.

⑦ 다 말린 후에 흰 창호지나 모조지를 붙이고 나서 말린 다음 그림 물감으로 얼굴을 그린다. 뒷부분은 머리이므로 검은색을 칠한다. 색깔이 다 마른다음 투명락카를 뿌리면 물기가 묻어도 색이 번지지 않고 오래 쓸 수 있다.

〈그림 20-2〉

(4) 옷입히기와 작동하기(p. 53 참조)

(손인형에 손가락을 끼우는 요령)

(조종사가 앉아서
인형을 조종하는 모습)   (조종사가 서서 인형을 조종하는 모습)

〈그림 20-3〉

(5) 여러가지 손인형의 모습
손인형극에서 주로 많이 사용하는 것이 그림 4이다.

〈그림 21〉

2. 스폰지 인형의 제작

스폰지 인형은 쉽게 만들 수 있고, 여러가지 모양으로 만들 수 있고, 시간도 얼마 걸리지 않는다. 요령만 익힌다면 30분 정도이면 인형 하나는 만들 수 있다. 또한 종이 찰흙이나 여러 인형보다 아주 가벼워서 초보자도 쉽게 다룰 수 있다. 종이 찰흙인형은 여자 분들은 철사를 구부리고 반죽하는데 힘이 들지만 스폰지 인형은 누구나 만들 수 있는 인형이다. 단점으로는 특수장치를 하는데 어려움이 있다.

(1) 준비물

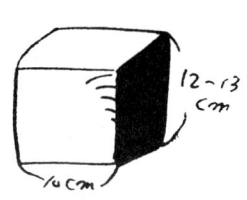

① 스폰지를 구입해야 한다. 스폰지는 문구점에서 구입해서 2~3겹정도를 돼지본드로 붙여서 사용하거나 규격품 스폰지는 백합출판사나 바울백화점(T.486-4646)으로 연락주시기 바랍니다.

② 캇타칼, 가위를 준비한다. 캇타칼은 날을 몇개 더 준비해 놓고 스폰지를 깎다가 잘 들지 않으면 날을 갈아 버린다.

③ 돼지표 공업용 본드(200원 정도)를 1~2개 정도 구입한다.

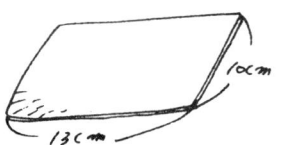

④ 골무용 장판지는 약간 두터운 것으로 준비한다. 지물포에서 1/2자 정도 사면 충분하다.

⑤ 파스텔를 준비한다. 스폰지는 물감은 칠할 수 없기 때문에 파스텔로 칠하면 손에 묻지도 않고 좋다.
⑥ 스카치 테이프는 장판지로 골무를 만들 때 사용한다.

⑦ 인조머리털 동대문 종합상가 3층이나 출판사로 연락주시기 바랍니다.
⑧ 눈은 부직포에 매직으로 그려서 붙이거나 동대문 보육사에 가면 여러 종류가 있다.
⑨ 검은 부직포를 준비한다.

(2) 스폰지부분 만들기

① 먼저 준비된 스폰지에 밑그림을 파스텔 연한색으로(살색 또는 노랑색) 밑그림을 그린다.

〈그림 22〉

② 사방 모서리 부분을 캇타칼로 깎아 나간다.

〈그림 23〉

③ 얼굴 앞부분만 놔두고 나머지 옆부분과 뒷부분은 타원형식으로 깎아낸다.

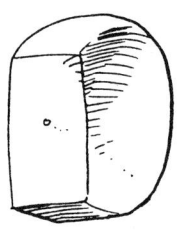

〈그림 24〉

④ 목부분이 될 밑부분은 모서리만 깎아서 큰 타원형으로 깎는다.

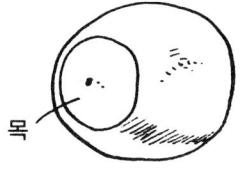

〈그림 25〉

⑤ 평평한 얼굴부분을 코부분인 중심부분에서 위로 이마부분을 깎고 좌우 볼과 귀쪽까지와 아래쪽인 입부분을 약간씩 다듬는다.

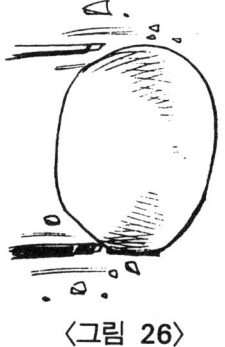

〈그림 26〉

⑥ 남은 부분과 전체적으로 좌우의 모양이 같고, 앞부분은 약간 평평하고, 밑부분(목부분)을 잘 다듬고 뒷부분은 타원형으로 다듬는다.

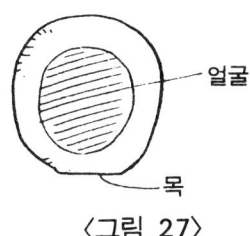

〈그림 27〉

⑦ 완성된 스폰지 모습(옆모습)

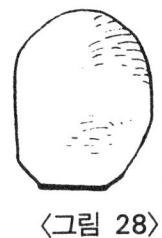

〈그림 28〉

⑧ 다음에는 잘라낸 스폰지에서 코모양을 깎고 귀모양 2개를 깎는다.

〈그림 29〉

⑨ 깎아낸 코를 완성된 스폰지 중심에 본드로 붙이고, 양쪽에 귀도 붙인다.

〈그림 30〉

(3) 골무 만들기

① 골무는 약간 두꺼운 장판지(13cm×10cm)를 10cm 부분을 세우고 13cm 부분을 검지 손가락이 들어갈 정도로 감아서 겹치게 한다. 그 겹친 부분에 본드를 바르고 스카치 테이프로 풀리지 않게 윗부분과 아랫부분을 감아 붙인다.

〈그림 31〉

② 검지 손가락의 첫째 마디와 둘째 마디 만큼(필자는 2cm) 캇타칼로 1/3정도만 자른다. 그 다음에 빗금친 부분을 잘라 낸다.

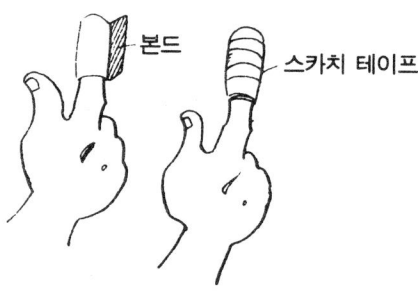

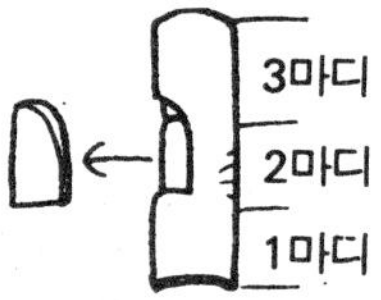

〈그림 32〉

③ 골무에 검지손가락을 넣어서 움직여 본다. 골무는 제자리에 있고 검지 손가락 둘째 마디와 셋째 마디만 움직이어야 한다.

〈그림 33〉

(4) 골무부분 만들기

① 스폰지 인형을 거꾸로 하고 캇타칼로 골무 자른 부분까지 들어갈 수 있도록 구멍을 파내는데 먼저 골무 끝부분을 스폰지에 대고 원을 검은 싸인펜이나 수성볼펜으로 그린다.

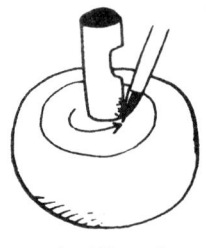

〈그림 34〉

② 그 다음에 칼타칼을 최대로 길게 하고 원을 파내야 한다. 이때 깊이는 골무의 자른 부분까지 파내야 한다.

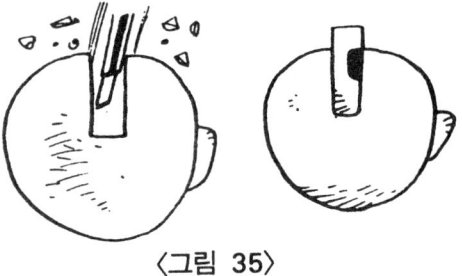

〈그림 35〉

③ 다 파내었으면 골무를 끼워 본다.

〈그림 36〉

(5) 입부분 만들기

① 스폰지 인형은 입을 움직이는 특수장치가 필요없고, 캇타칼로 잘 잘라주면 훌륭한 입이 된다.

② 입을 가를 때는 코와 1cm 정도 띄어서 8~9cm 정도 갈라준다. 가운데 부분이 골무가 나올 때까지 갈라준다. 입을 벌려서 골무가 보이고 좌우가 모양이 비슷하도록 갈라준다.

〈그림 37〉

③ 골무를 스폰지인형에서 빼고 그 구멍에서 입 밑의 부분 즉 안쪽을 캇타칼로 검지 손가락 끝마디가 들어갈 정도(약 1.5~2cm) 갈라준다.

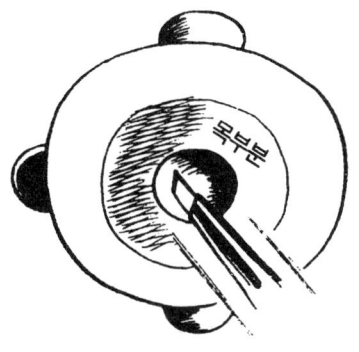

〈그림 38〉

④ 손가락을 안쪽 구멍에 갈라 놓은 곳에 넣고 움직여 본다. 입이 움직일 것이다.

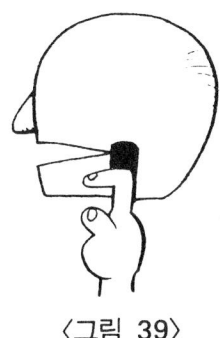

〈그림 39〉

⑤ 그 다음에 골무를 끼워서 움직여 본다. 잘 움직이면 골무에 본드를 붙여서 스폰지 인형에 끼워서 고정을 시킨다.

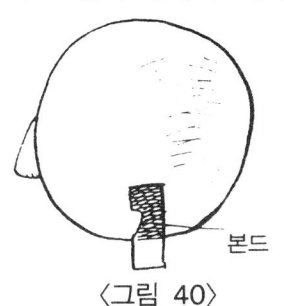

〈그림 40〉

(6) 색칠하기

① 얼굴전체를 파스텔로 칠한다(살색).

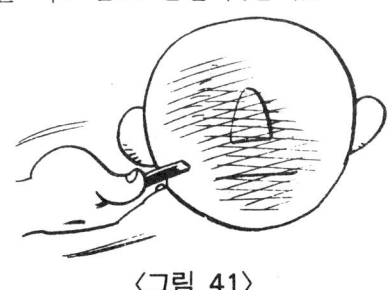

〈그림 41〉

②입부분은 스폰지를 벌려서 양쪽을 빨강색 파스텔로 칠하고, 입술 모양을 만들어 준다.

〈그림 42〉

(7) 얼굴부분 만들기

①눈은 부직포로 만들어 붙이거나 못쓰는 인형눈을 사용하거나 전문점(보육사)에 가서 사서 본드로 붙여준다.

〈그림 43〉

②눈썹은 검은 부직포를 오려서 붙여주거나 인조머리털이 있을 경우는 눈썹 모양으로 잘라서 붙여주면 더욱 좋다.

〈그림 44〉

③어른의 경우 수염을 부직포로 코 밑에 양쪽으로 붙여

주거나, 인조머리털로 코 밑과 입 밑부분에 붙여주면 된다.

〈그림 45〉

(8) 머리부분 만들기

① 인조 머리털은 제일 무난하며 머리털의 모양이나 색깔 등이 다양해서 좋다.

② 인조 머리털로 사용할 경우 반드시 털이 없는 뒷부분을 캇타칼로 잘라서 스폰지 인형 뒷부분에 본드로 붙인다.

〈그림 46〉

③ 인조 머리털이 없을 경우 털실이나 색실, 인조견사, 생사 등을 사용해서 붙여도 되고, 머리를 땋 수도 있다.

〈그림 47〉

④ 그외에도 검은 부직포로 머리 부분을 붙여 주거나 검은 파스텔로 칠해 주어도 된다.

〈그림 48〉

⑤ 완성품

〈그림 48-1〉 여러가지 스폰지 인형들

3. 인형의상 및 손과 인형부착하기

(1) 손인형의 의상 만들기

① 헝겊을 준비하여 두겹을 포갠다. 그리고 그림을 아래와 같이 그린다.

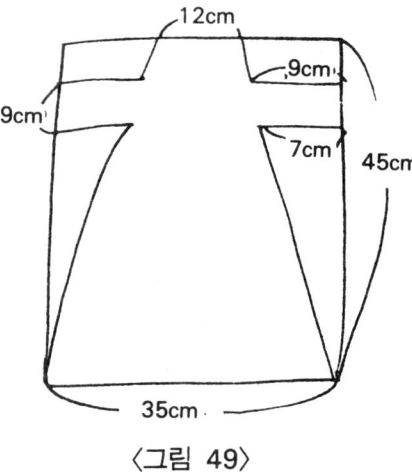

〈그림 49〉

② 점선 그림에 따라 재봉질을 하거나 꿰멘다. 이때에 ①②③④부분은 재봉질하지 않는다.

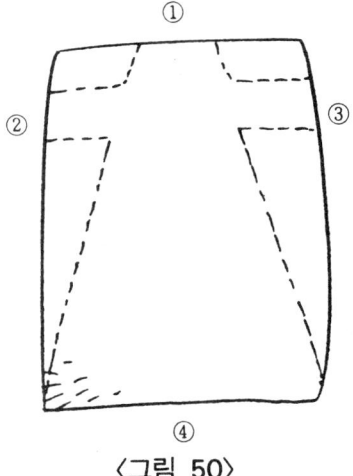

〈그림 50〉

③ 재봉질을 다했으면 가위로 재단을 한다. 점선은 재봉질한 곳이다.

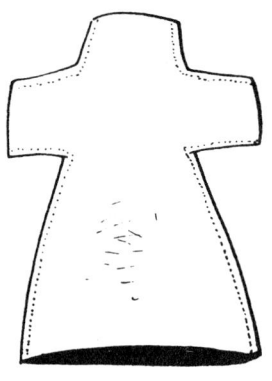

〈그림 51〉

④ 그 다음에는 옷을 뒤집는다.

(2) 성경인물의 여러 의상들

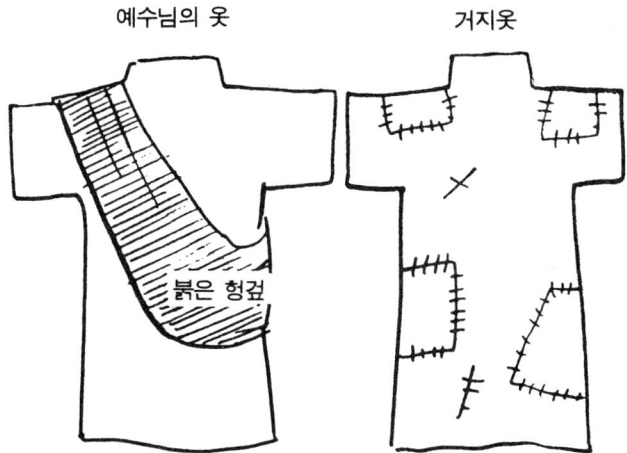

예수님의 옷   거지옷

알기쉬운 손인형극 교본 **55**

망또 : 임금, 마귀들

지옥간 사람

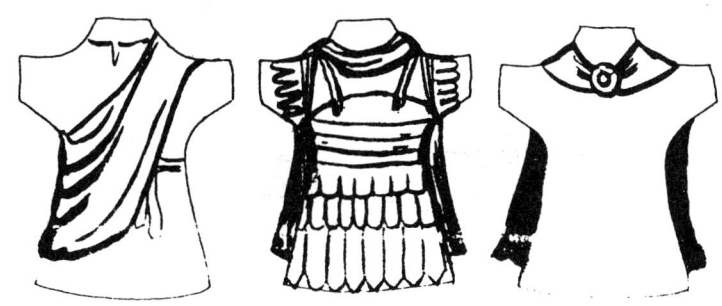

〈그림 52〉

(3) 일반인물의 여러 의상들

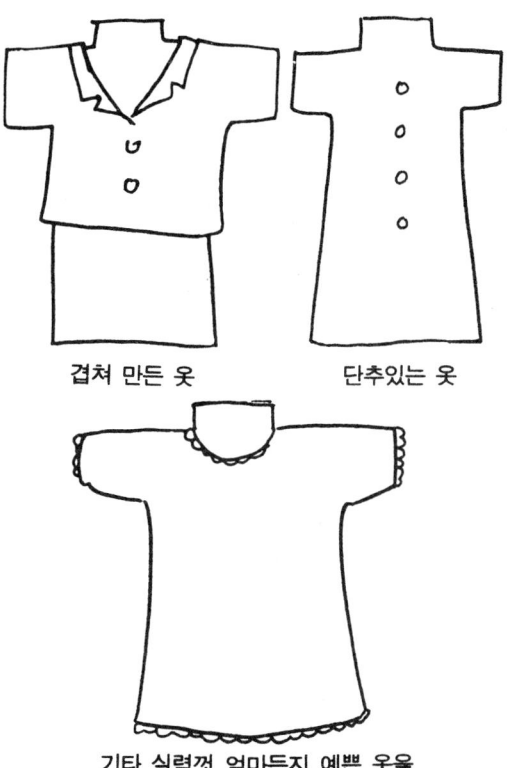

겹쳐 만든 옷   단추있는 옷

기타 실력껏 얼마든지 예쁜 옷을
만들 수 있다.

알기쉬운 손인형극 교본 **57**

〈그림 53〉

(4) 손인형의 손부착하기

① 손은 인형전문점에 가면 구할 수 있다.

② 옷을 뒤집기전에 상태로 놓고 양쪽에 인형손을 끼고 고무줄로 묶고 본드로 붙인다.

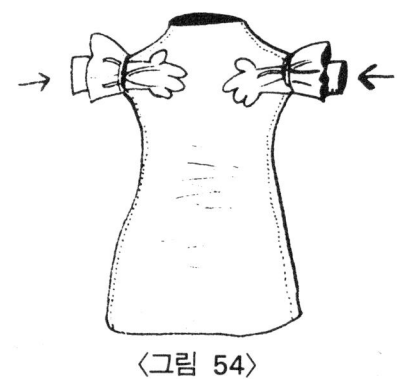

〈그림 54〉

③ 옷을 뒤집으면 된다.

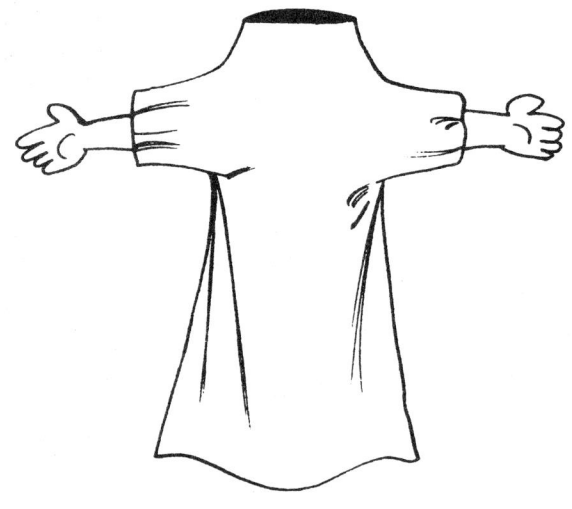

〈그림 55〉

(5) 인형머리 부착하기

① 인형옷에 목부분을 안으로 집어 넣는다. 그곳에 인형의 목부분에 있는 골무를 넣고 고무줄로 묶고 본드를 붙인다.

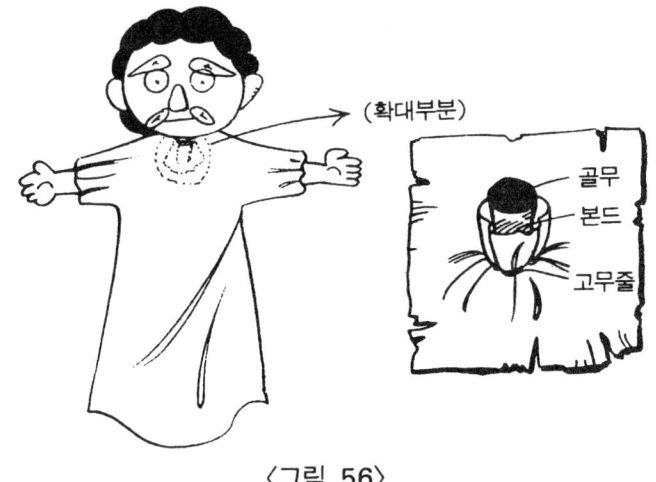

〈그림 56〉

② 완성된 인형의 모습

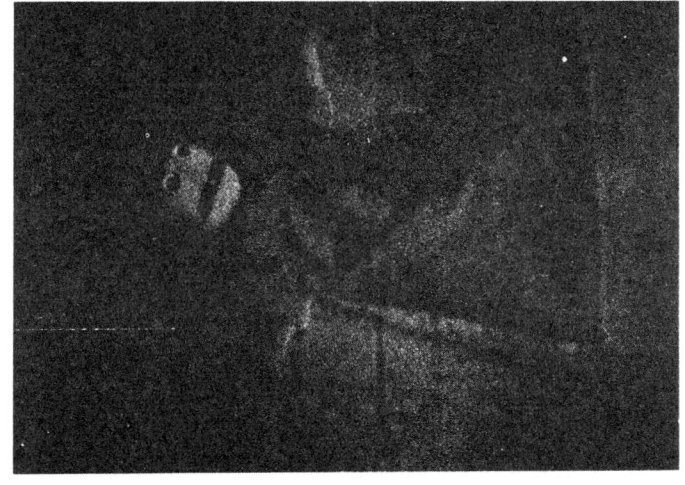

〈그림 57〉

4. 손인형의 특수장치 만들기

(1) 침뱉는 인형 만들기

① 링게르호스를 준비하여 깨끗이 닦는다. 약국, 의료기상사나 병원에서 플라스틱 약병을 준비한다.

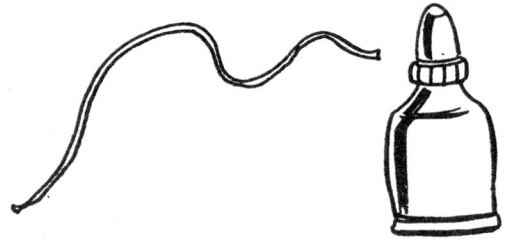

〈그림 58〉

② 스폰지 인형의 코와 입사이를 송곳으로 뒷머리까지 뚫는다.

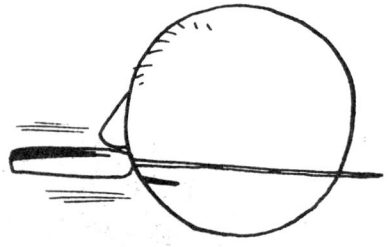

〈그림 59〉

③ 뚫은 곳에 호스를 집어 넣는다.

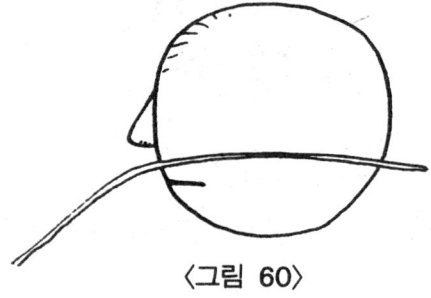

〈그림 60〉

④ 끝부분을 불로 녹이고 바늘로 살짝 뚫어버린다.(물총 끝을 보면 가는 구멍이 뚫어져 있는 것과 같이) 그런 다음에 끝부분만 보이도록 본드로 고정시킨다.

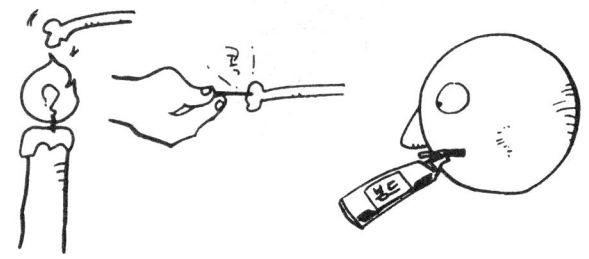

〈그림 61〉

⑤ 프라스틱 약병 뚜껑을 벗기고 송곳으로 구멍을 뚫고, 그곳에 호스를 집어 넣고 그 끝을 불로 넓게 벌린다. 그리고 물이 새지 않도록 본드로 단단히 붙인다.

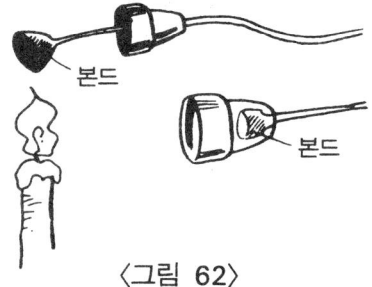

〈그림 62〉

⑥ 한번 시험해보고 물이 멀리 나갈 수 있도록 고정한다. (구멍이 너무 크면 멀리 못 나가고 구멍 방향이 좌우로 삐 뚤으면 그 쪽 방향으로 나간다.)

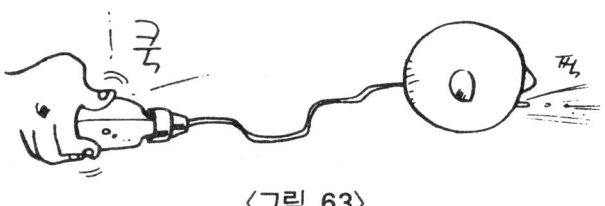

〈그림 63〉

⑦호스를 밑으로 내리고, 호스가 보이지 않도록 머리털이나 부직포로 붙인다.

〈그림 64〉

⑧인형의상을 부착시키고, 인형을 손에 끼고 셋째와 넷째 손가락으로 물병을 거꾸로 잡고 연습한다.

〈그림 65〉

(2) 눈물나는 인형만들기

①모든 인형을 침 뱉는 인형, 눈물 흘리는 인형을 만들 필요는 없고 필요한 몇개만 선택하여 장치를 한다.

②눈물 흘리는 인형은 호수 구하기가 쉽지 않다. 왜냐하면

그림과 같이 한 호스가 두갈래로 갈라져야 하기 때문이다.

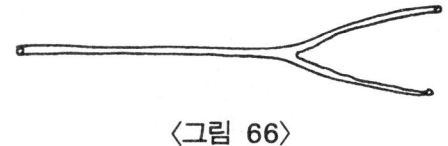

〈그림 66〉

③ 이런 호스를 구할 수 없을 때는 호스를 10cm 잘라낸다. 긴 호스에 10cm되는 부분에 캇타칼로 옆쪽을 살짝 파내고 본드로 붙이고 방수테이프 같은 것으로 잘 감아준다.

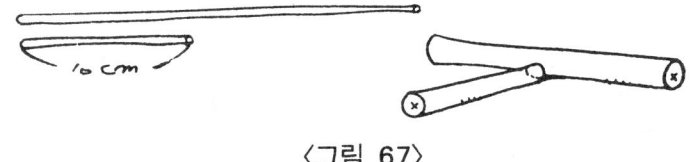

〈그림 67〉

④ 또 한가지 방법은 30심짜리 전깃줄의 속에 있는 철사심을 다 빼내고 그 끝을 프라스틱 물병에 연결시킨다.(침뱉는 인형 ⑤번 참조)

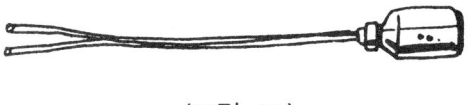

〈그림 68〉

⑤ 스폰지 인형의 양쪽 눈부위나 눈을 구입해서 달았을 경우는 눈과 눈썹사이 부분을 송곳으로 뒷머리까지 관통하고 눈물 호스를 끼운다.

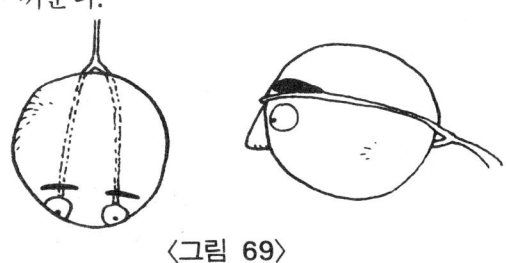

〈그림 69〉

⑥ 본드로 끝부분을 약간 나오게 하고 붙인다. 호스를 뒷머리 밑으로 내려서 그 위에 인조 머리털이나 검은 부직포를 붙인다.

〈그림 70〉

⑦ 인형의상과 양팔을 부착시킨다.(침뱉는 인형 ⑧번 참조)

(3) 그외에 이마에 피가 나오게 하려면 호스에 물병을 연결시키고 호스 끝은 이마를 뚫어서 본드로 붙이고 물병에는 빨간 물감을 넣는다.(예, 골리앗 인형)

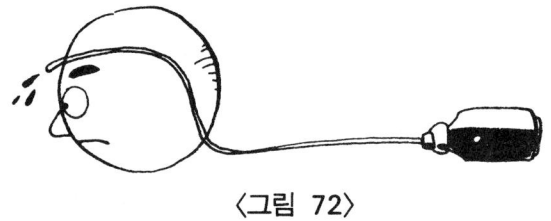

〈그림 72〉

5. 인형 소품 만들기

소품에서 중요한 점은 진짜와 똑같아서는 안된다는 점이다. 소품은 다루기가 쉬워야 하고 튼튼하게 만들어야 한다. 예를 들어서 다윗이 물맷돌을 던질 때 진짜 돌을 던질려면 무거워서 하기 힘들다. 돌처럼 보이기는 하지만 실제로는 가벼운 재료로 사용해야 다루기 쉽다. 또한 인형과 소품과의 조화에서 어느 정도 불균형을 이룰 수 밖에 없다. 예를 들면 돌아온 탕자에서 탕자가 어느 부잣집의 종으로 있으면서 배가 고파서 돼지의 먹이통을 움직이다가 그 돼지 먹이를 먹게 되는데 사람이 실제로 사용하는 먹이통을 인형의 크기에 맞게 작게 만들면 관객의 눈에는 잘 보이지 않는다. 그러므로 인형극의 소품은 때때로 과장되게 만들어야 효과가 있다. 어떤 경우에는 실제보다 작게 만들 경우도 있으니 어떤 것을 크게 만들고, 어떤 것을 작게 만드느냐 하는 문제는 무대에서의 효과에 따라 그 크기를 결정해야 한다.

사람이 못을 박고 있는 곳 / 사람과 같은 비율의 도구를 사용하고 있는 인형 / 큰 크기의 도구를 쓰고 있는 인형 쪽이 재미있다.

〈그림 73-1〉

셋트가 너무 크다.
사람의 비율로 집 문을 인형보다 크다고 생각하면, 무대 전체가 집이 되어버려서, 인형이 죽어버린다.

셋트는 작게
인형과 같은 크기 정도의 집이라도 이상 하지 않습니다.
도리어 인형이 살아납니다.

〈그림 73-2〉

(1) 망치 만들기

나무젓가락이나 가벼운 나무를 준비하고 그 끝을 스폰지(망치 모양을 크게)로 본드로 붙이고 줄로 묶는다. 스폰지에 검은 파스텔로 색칠한다.

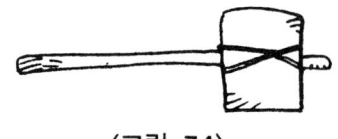

〈그림 74〉

(2) 큰 그릇 만들기(돌아온 탕자 때 사용)

두꺼운 도화지로 만들거나 가벼운 프라스틱 그릇을 사용해도 된다.

〈그림 75〉

(3) 칼과 창 만들기

① 칼은 두꺼운 도화지에 칼 모양을 만들고 은박지로 입힌다.

〈그림 76〉

② 창은 나무젓가락이나 두꺼운 도화지 2~3겹으로 자르고 끝부분을(창 모양) 은박지로 입힌다.

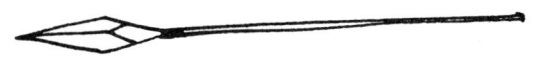

〈그림 77〉

(4) 모자 만들기

① 로마 병정의 투구는 사발면 그릇에 금박지를 입히고 물감으로 색칠한다.

〈그림 78〉

② 군인 모자도 사발면 그릇에 종이를 바르고 물감으로 색칠한다.

〈그림 79〉

③ 면류관은 두꺼운 도화지에 금박지를 입혀서 만든다.

〈그림 80〉

④ 헝겊모자는 헝겊으로 투구모양으로 만든다. 이것은 사울이 다윗에게 투구를 씌워줄 때 사용할 수 있다.

〈그림 81〉

(5) 그외 여러가지 소품들

● 진짜 풀 나무의 이용법
그림의 셋트를 베니어판을 잘라 만들거나 하면 커다란 일거리입니다. 진짜 풀 나무를 이용하면 한시간이면 완성되겠지요.

①풀포기(꽃)

가는 나무 위에 들풀이나 꽃을 늘어 놓습니다.

위에 베니어판을 붙여 못으로 고정시킨다.

적당한 크기의 지지대를 잘라 붙이면 된다.

②드롭

나무봉 또는 굵은 철사를 그림과 같이 구부려 둔다.

알기쉬운 손인형극 교본 **69**

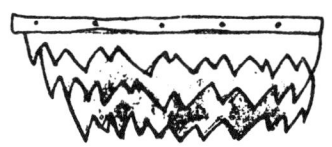

그림과 같이 색종이 등을 2~3색 겹쳐서 봉 또는 철사에 붙인다.

〈그림 82-1〉

③세운 나무

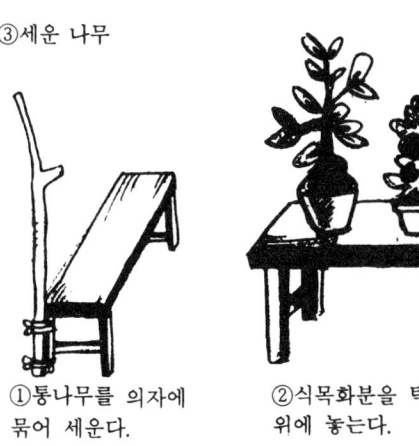

①통나무를 의자에 묶어 세운다.

②식목화분을 탁자 위에 놓는다.

④셋트 세우기

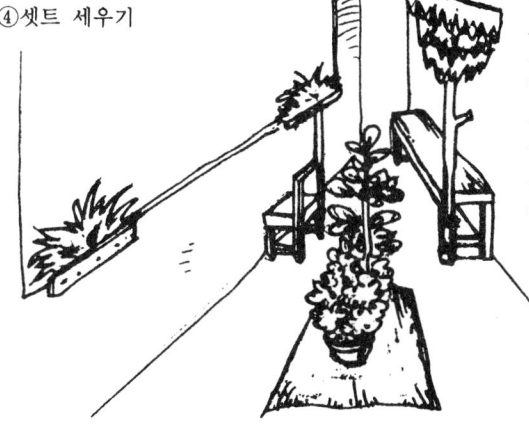

왼쪽 그림과 같이 셋트를 두면 됩니다. 유치원 교육 중에서의 인형극에서는 그 만큼의 셋트는 필요없겠지요. 풀포기가 한포기 쯤 서 있으면 그것으로 충분하고, 그와 같은 작은 연극을 많이 공연해 주시면 좋겠습니다.

〈그림 82-2〉

(6) 효과소품준비

효과소품은 음향효과를 말한다. 인형극에 필요한 청각적 음향효과는 배경음악, 비, 천둥소리, 함성소리, 바람소리 등이고, 시각적 효과는 눈오는 장면, 비오는 장면, 안개, 연기, 불타는 장면 등은 실제로 준비해야 한다.

제3장
무대장치

제 3 장 무대장치

인형극에서 무대는 중요하다. 이것은 수직으로 되어 있는 하나의 면인데 그 상단에서 인형이 연기를 하며, 조종자는 뒤에나 밑에 숨게 된다. 인형극 무대의 주위에서 진행되는 구조물은 인형극을 위하여 만들어져야 한다. 보통 연극에서 높여진 무대는 관객이 배우를 보는데 도움을 주지만 인형극에서는 관객과 거리가 떨어져 인형을 보는데 마땅치 않다. 인형극의 무대의 막은 추켜 올려서 보는 자세가 되어야 하고, 별도 높이의 무대가 없이 관객과 같은 평면 무대 일 때가 가장 편리하다. 이런 점이 다른 연극 예술과 비교하여 인형극의 장점이기도 하다. 이동식(조립식) 무대막이라면 어느 장소에서도 인형극은 가능하다.

I. 무대장치의 조절

1. 무대막의 높이

무대막은 그 속에 있는 조종자의 모습을 완전히 감추기 위해서는 그 높이는 조종자의 키에 따라 계산된다. 보통 무대막

속에 있는 조종자는 앉아 있거나 서 있게 된다. 조종자가 서 있을 경우 무대막의 표준 높이는 1미터 70센티쯤 된다. 이 높이는 2, 3센티 높이거나 낮추어도 좋다. 조종자가 의자에 앉아 있을 경우는 무대를 약간 높은 곳에 설치한다. 예를 들면 교회 앞 강단에다 설치하면 좋다.

2. 보이는 시선의 범위

보이는 시선의 문제는 인형극에서 아주 중요하다. 인형극 진행 중에 모든 중요한 것들이 관객에게 잘 보여야 하기 때문이다. 무대공간을 설정하는데는 먼저 객석에서 잘 보이는 곳을 사전에 확인해야 한다. 무대공간의 「보이는 시선」을 살피기 위하여 가장 앞좌석의 중앙과 그 양끝, 가장 뒷좌석의 어느 한 끝인 네 곳으로 충분하다. 많은 극장에서 채용하고 있는 평균치는 「보이는 시선」을 계산할 때 어른은 1미터 20센티, 어린이는 1미터이다. 다음과 같은 그림을 보았을 때, 관객석의 맨 앞줄의 양끝과 가림막의 안쪽선, 그리고 대칭된 가림막의 안쪽선 등 4개의 선을 그어 무대 안의 내부벽에 교차시키면 6개의 모형이 생긴다. ①의 삼각형은 모든 관객에게 보인다. ②③④는 일부의 관객에게만 보이고, ⑤⑥은 누구에게도 보이지 않는다.

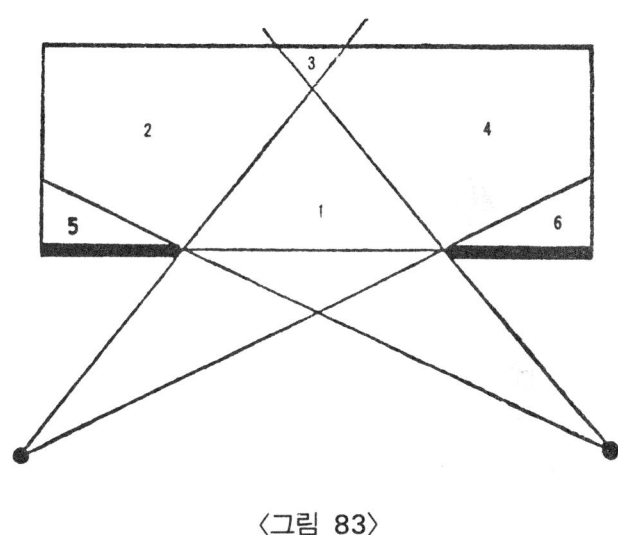

〈그림 83〉

이와 같이 중요한 것은 ①에 위치에 놓아야 하고, ②③④의 부분은 ①의 부분과 연결할 수 있는 장치나 소품을 해야 한다.

3. 옆에서 보이는 시각

무대 막 전면의 선이 어떤 모양이라도, 다른 무대막의 선들이 잘 보이지 않으면 좋지 않다. 관객은 중앙에 가까울수록 잘 볼 수 있다. 그런데 옆에서 보았을 때 무대의 측면을 보고 있으므로 관객에게는 보여서는 안되는 것 즉, 조종자의 모습이나 인형, 무대배경, 소품들이 보인다. 그래서 무대 양 끝에 「가림막」을 세운다.

4. 밑에서 보이는 시각

관객이 인형을 잘 볼 수 있는 경우는 인형이 무대 막의 선과

가까이 섰을 때이다. 인형이 무대 앞에 있는 선에서 뒤로 갈수록 그 모습은 점점 잘 보이지 않게 된다. 무대막이 높을수록 관객의 시각은 넓게 되고, 인형이 무대 막으로부터 떨어짐에 따라서 점점 보이지 않게 된다.

(1) 무대막은 맨 앞줄의 의자높이와 같게 세워져야 한다.

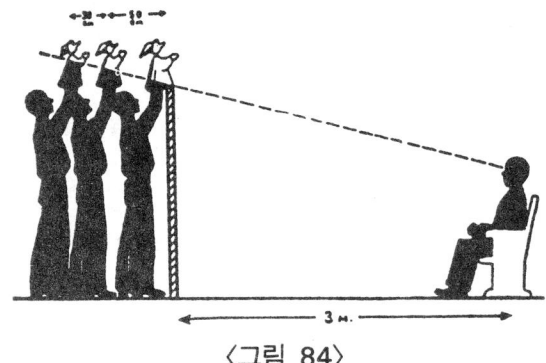

〈그림 84〉

(2) 맨 앞줄의 관객은 너무 무대막과 가까이 앉아서는 안된다. 맨 앞줄과 무대막과의 거리는 3미터 정도가 필요하다. 그러면 무대막으로부터 15미터 떨어진 맨뒤의 관객은 보이는 시선의 범위는 나쁘지 않다.

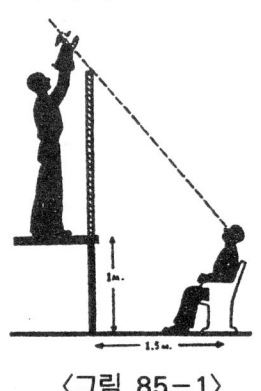

〈그림 85-1〉

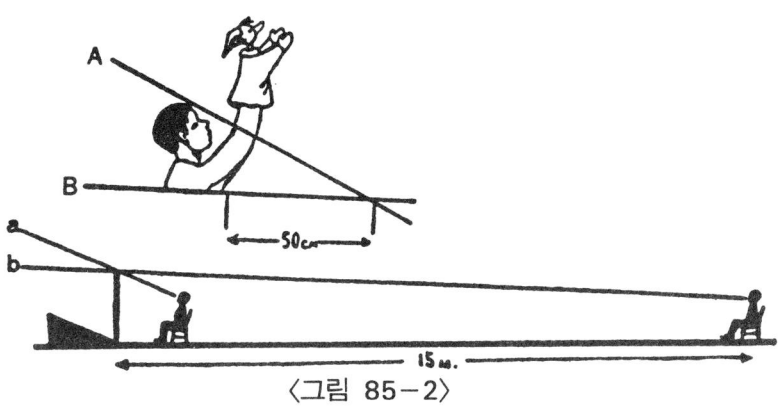

〈그림 85-2〉

II. 무대 만들기

 무대는 재료를 쉽게 구할 수 있고, 주변환경을 이용하는 간단한 무대와 나무나 알미늄샷시, 앵글 등으로 만드는 전문적 무대가 있고 이동에 따라서 상설무대와 조립식인 이동무대가 있다.

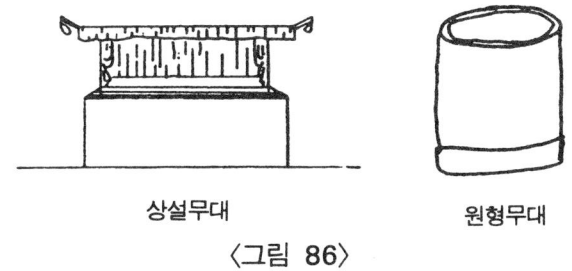

상설무대　　　　원형무대

〈그림 86〉

1. 간단한 무대 만들기
　(1) 보자기나 베니아판 그리고 책상, 냉장고 박스를 이용한 무대

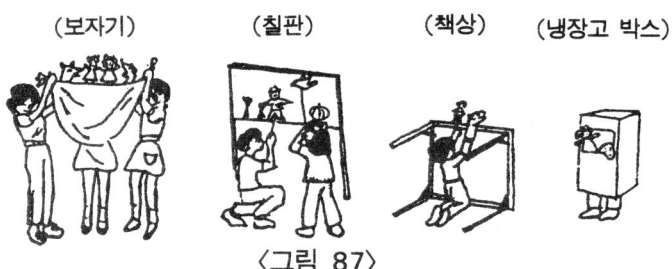

　　(보자기)　　(칠판)　　(책상)　　(냉장고 박스)

〈그림 87〉

(2) 각 교회에 흔히 있는 이동식 칠판을 이용하는 무대

앞면

인형극
"돌아온 탕자"

헝겊

뒷면

〈그림 88〉

(3) 철사와 헝겊 또는 커텐 등을 이용하는 무대
좌우로 철사로 높이를 맞추어서 고정시키고 그 철사에 헝겊이나 커텐으로 가린다.

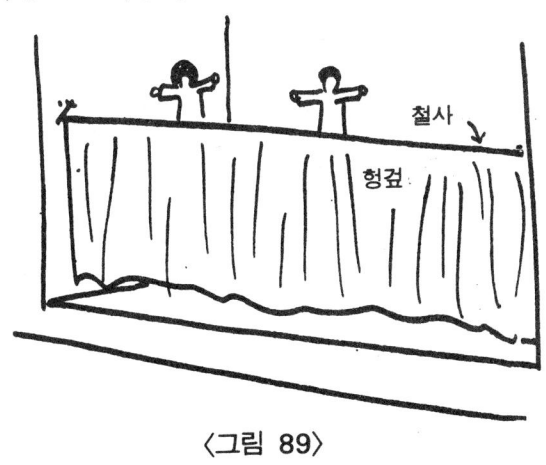

〈그림 89〉

(4) 주변환경을 이용한 무대

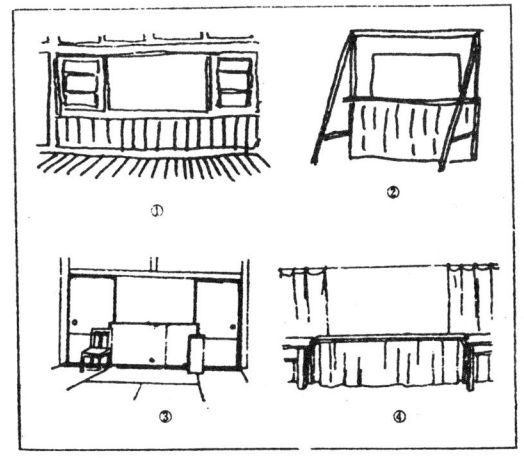

주변환경을 이용한 무대
①교실창문을 이용한 무대 ②약식 무대
③가구를 이용한 무대 ④철사와 커텐, 책상을 이용한 무대
〈그림 90〉

2. 전문적 무대 만들기
(1) 나무와 베니아판으로 만드는 무대

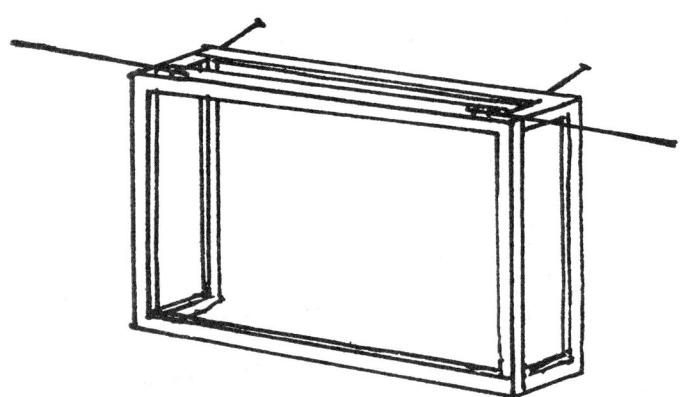

①먼저 각목으로 뼈대를 만들고, 뒷면에 배경을 걸 수 있게 긴못 두개를 박고 옆으로 굵은 철사를 단다.

〈그림 91-1〉

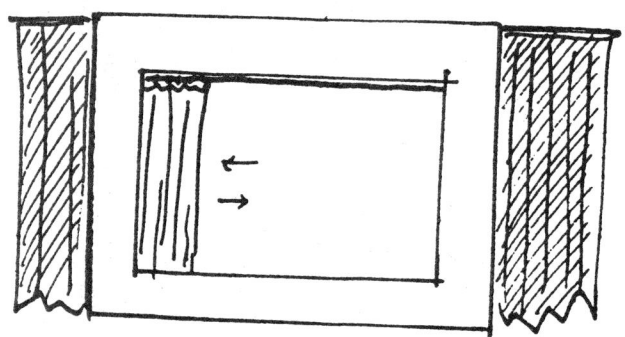

②양옆에 천을 달고 무대에는 커텐을 단다. 이것을 책상, 강대상에 놓고 연출한다.

〈그림 91-2〉

(2) 나무로 만드는 무대

인형극무대 만드는 법

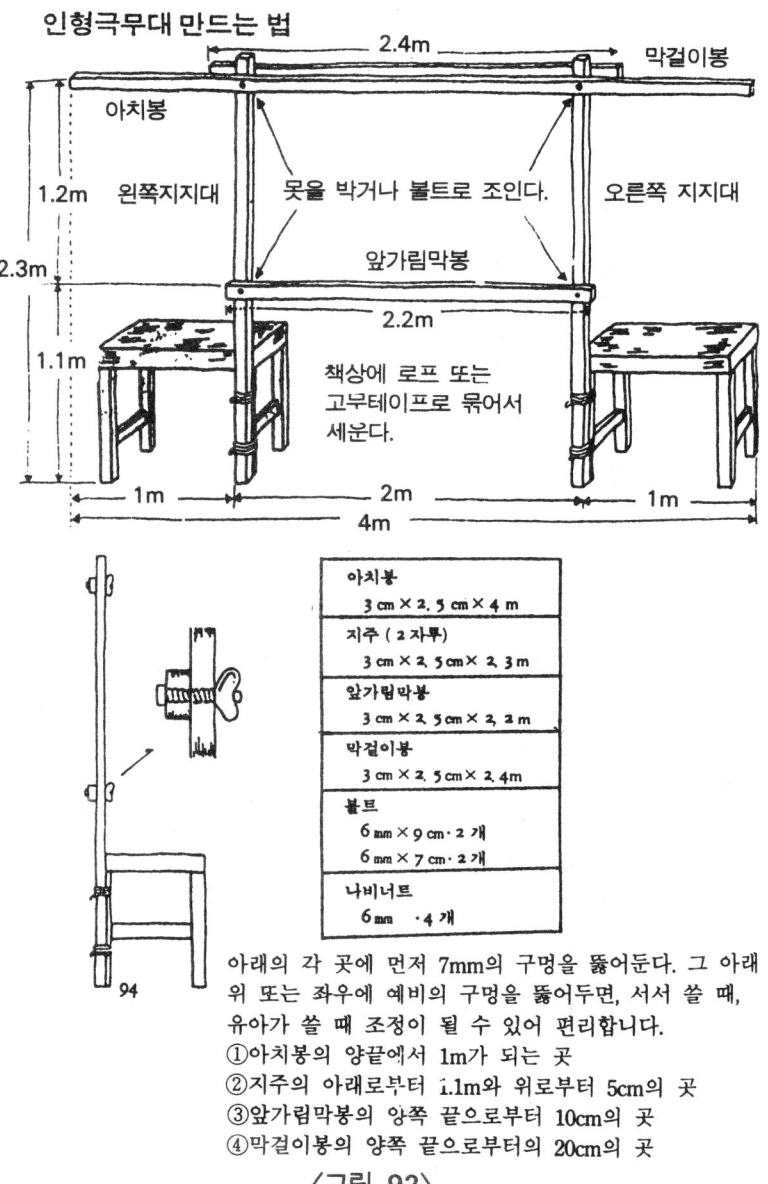

아치봉
3cm × 2.5cm × 4m
지주 (2자루)
3cm × 2.5cm × 2.3m
앞가림막봉
3cm × 2.5cm × 2.2m
막걸이봉
3cm × 2.5cm × 2.4m
볼트
6mm × 9cm · 2개
6mm × 7cm · 2개
나비너트
6mm   · 4개

아래의 각 곳에 먼저 7mm의 구멍을 뚫어둔다. 그 아래 위 또는 좌우에 예비의 구멍을 뚫어두면, 서서 쓸 때, 유아가 쓸 때 조정이 될 수 있어 편리합니다.
① 아치봉의 양끝에서 1m가 되는 곳
② 지주의 아래로부터 1.1m와 위로부터 5cm의 곳
③ 앞가림막봉의 양쪽 끝으로부터 10cm의 곳
④ 막걸이봉의 양쪽 끝으로부터의 20cm의 곳

〈그림 92〉

(3) 앵글이나 나무로 만드는 무대

①나무나 앵글로 틀을 만든다.

②장식을 단다.

〈그림 93-1〉

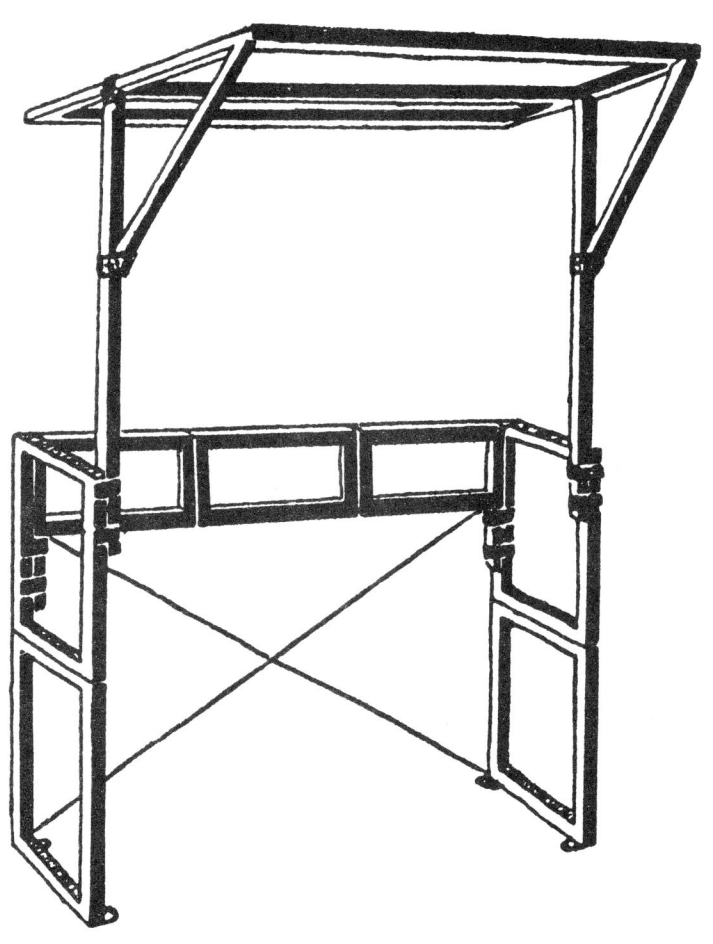

〈그림 93-2〉

(4) 베니아판으로 만드는 무대

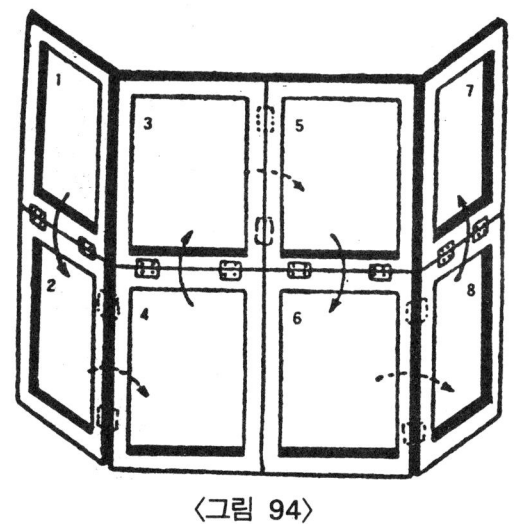

〈그림 94〉

(5) 그외 여러가지 무대 들

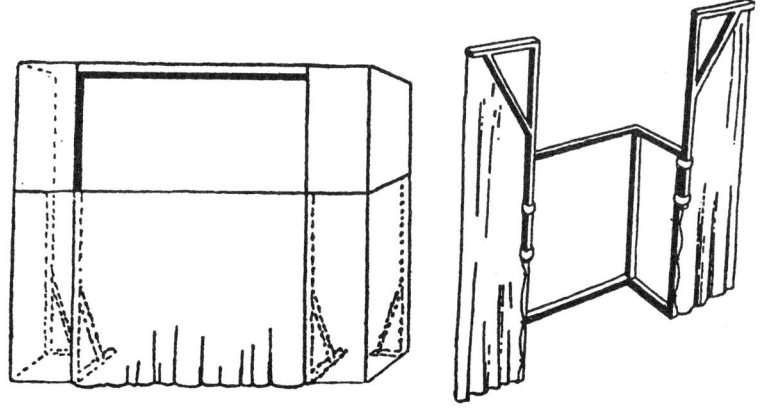

〈그림 95-1〉 〈그림 95-2〉

알기쉬운 손인형극 교본 **85**

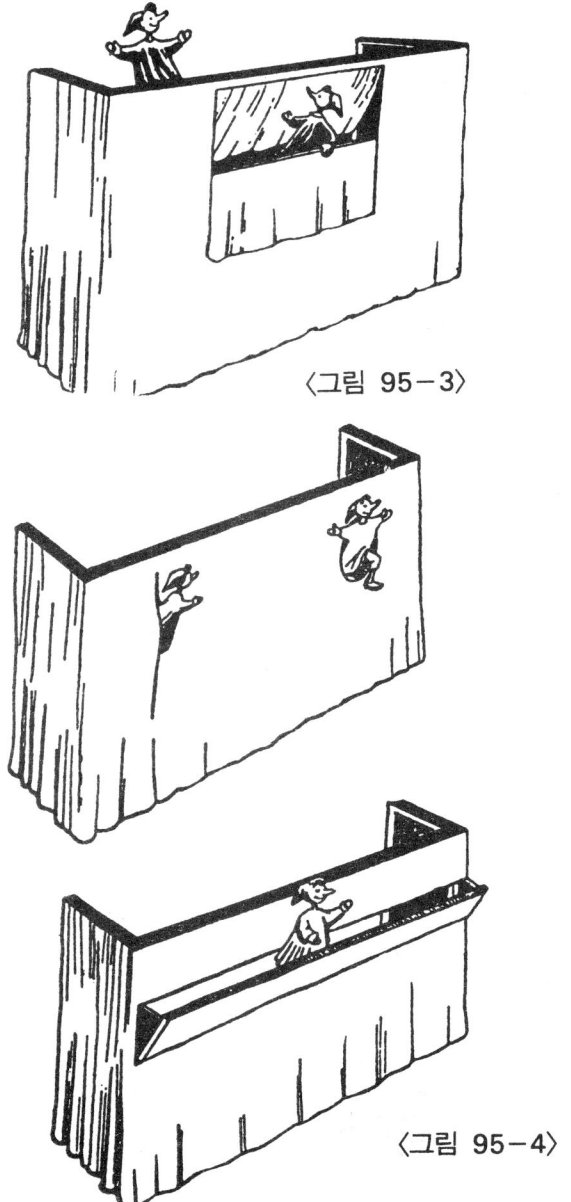

〈그림 95-3〉

〈그림 95-4〉

3. 무대와 조종사

① 서서 조용할 수 있는 무대

〈그림 95-5〉

② 앉아서 조종할 수 있는 무대

〈그림 95-6〉

③ 2명이상이 조종할 수 있는 무대

〈그림 95-7〉

III. 무대조명

같은 연출로 공연을 해도 조명을 사용하는 것과 사용하지 않는 것과는 차이가 있다. 무대 쪽이 밝게 되었다는 것만으로도 집중이 된다. 더구나 여러 색깔의 조명을 비추면 더욱 집중이 된다.

(1) 특별한 경우 외에 빛은 위에서 아래로 향하는 것이 좋다. 정면 B로부터 빛이 비추면 막(인형 뒤의)에 그림자가 비쳐 관객의 눈에 거슬린다. A의 위치라면 그림자는 관객의 시선 아래로 비추므로 좋다.

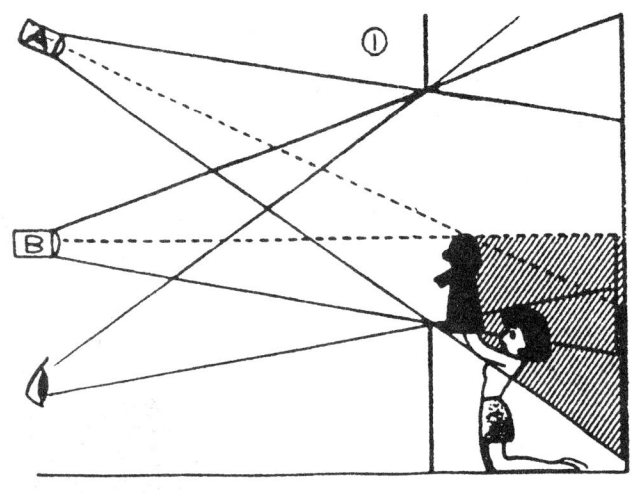

〈그림 96〉

(2) 전면 옆으로부터 비스듬히 빛을 비춘다. A, B로부터 빛을 비추면 그림자는 관객의 눈에 띄지 않는 옆쪽에 비추이고 멀고 엷게 된 그림자는 C, D의 빛으로 사라진다. 정면이 어두울

때 X를 사용하면 좋다.

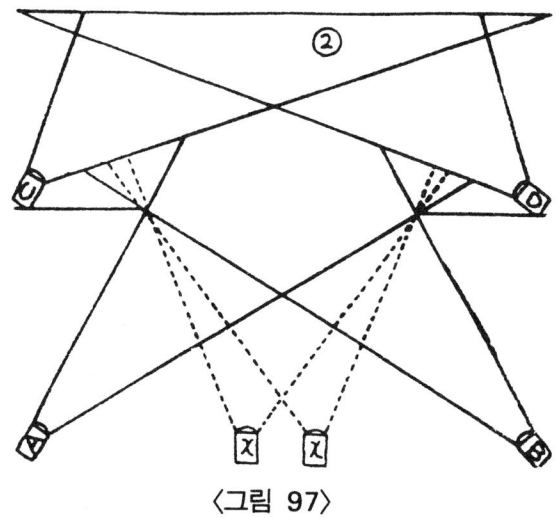

〈그림 97〉

(3) 막뒤 아래에 있는 불(인형 뒤의 아래쪽으로부터 비추는 빛)을 사용하는 경우, 인형 뒤의 막이 밝으면 인물이 확실해진다.

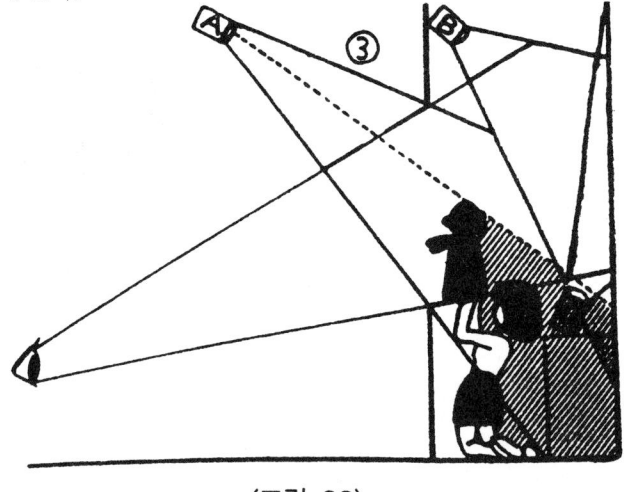

〈그림 98〉

Ⅳ. 무대막의 종류

1. 당겨 올림식

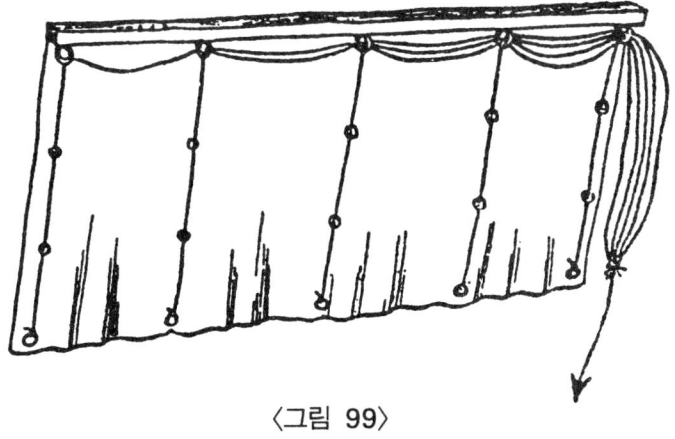

〈그림 99〉

2. 양쪽 당김식

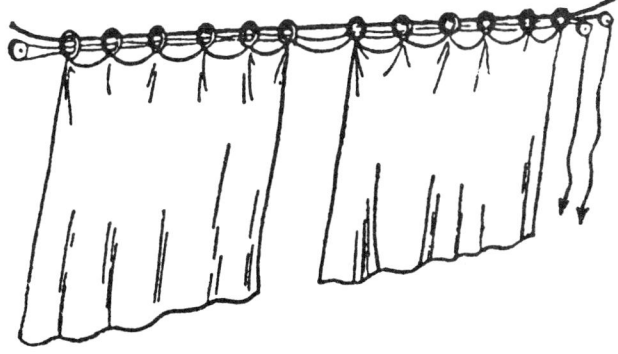

〈그림 100-1〉

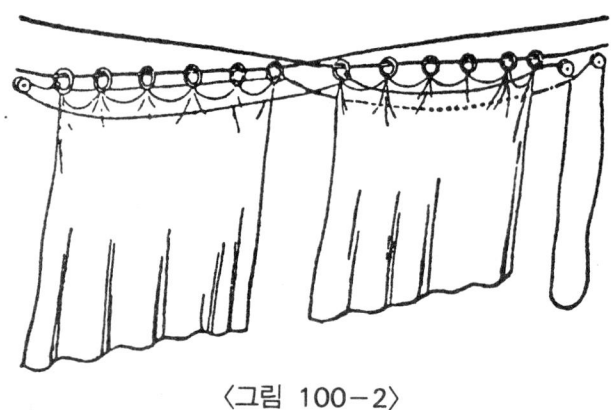

〈그림 100-2〉

3. 변형 양쪽 당김식

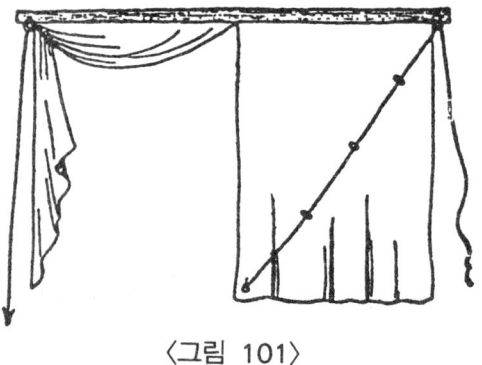

〈그림 101〉

4. 한쪽 당김식

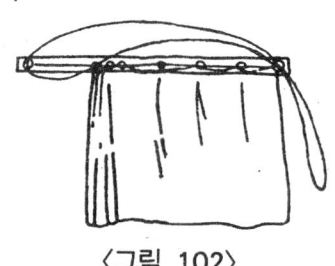

〈그림 102〉

V. 무대배경

인형극 배경그림은 다후다천이나 유화천에 유화물감으로 그린다. 모조전지에 그려도 되나 몇번 쓸 수 없다. 무대의 길이와 높이만큼 자르는데 높이는 약간 작게 자른다. 왜냐하면 팔이 움직일 때 배경그림이 팔에 닿으면 움직인다. 위아래에 굵은 철사를 본드로 고정시키고, 눈이 닿는 높이만큼 구멍을 2~3개 뚫고 활용한다.

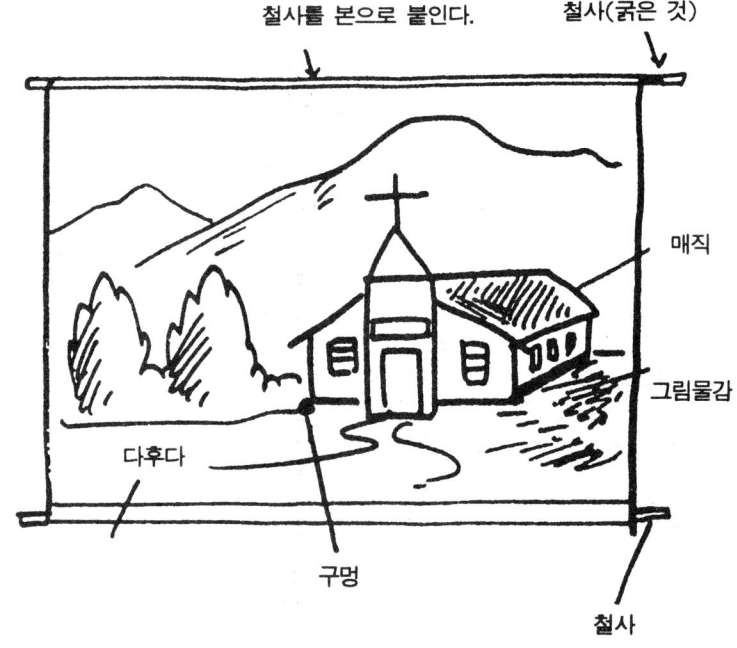

〈그림 103〉

1. 무대배경의 종류
① 받침대로 고정시킨 장치

〈그림 104〉

② 상하 회전으로 전환되는 장치

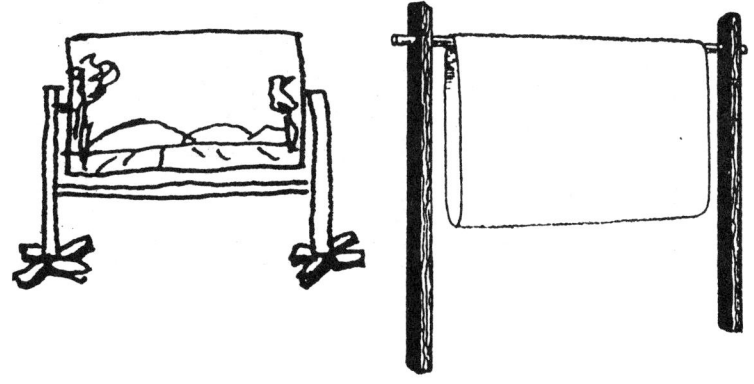

〈그림 105-1〉〈그림 105-2〉

③ 걸어놓는 장치

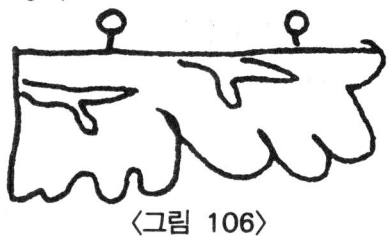

〈그림 106〉

④ 좌우로 회전하는 장치

〈그림 107〉

⑤ 다후다천이나 헝겊으로 배경전환장치

불필요한 배경은 하단에 추를 달아서 위로 감아 올리는 방식이다.

〈그림 108〉

2. 무대배경의 여러 그림들

무대배경은 단순하면서도 장면을 잘 묘사해 주어야 한다.

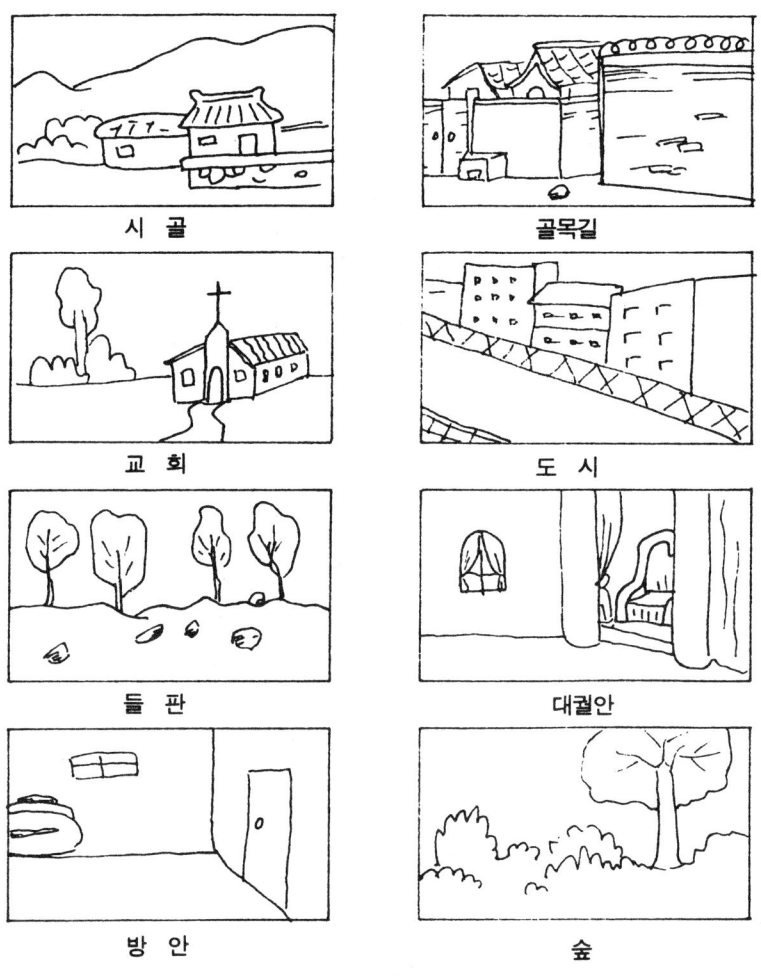

〈그림 109-1〉

〈그림 109-2〉

제4장
성대묘사

제 4 장 성대묘사

사람의 목소리는 평소에 대화하고 있는 평음이 있고, 아랫소리인 저음, 높은소리인 고음이 있다.

```
                가성 : 높은 입천장소리
                고음 : 높은소리
목소리   ─────  평음 : 보통소리
                저음 : 낮은소리
                변성 : 낮은 목젖소리
```

Ⅰ. 인형의 목소리

1. 목소리로 호소한다.

말이 들리지 않으면 소용이 없다. 너무 부드럽게 말할 때 보통 나타나는 문제를 피하기 위해 호소하는 목소리로 한다. 고함을 치지 않는다. 대신에 숨을 들이쉬고 배의 근육을 당겨 목구멍 밖으로 공기를 토해낸다. 목구멍을 느슨하게 하여 목소리가 떠돌게 한다. 조종자가 느끼는 감정이 관객에게 그대로 전달된다.

2. 발음을 분명하게 한다.

말이 이해되지 않으면 소용이 없다. 입술을 부지런히 놀려 말하고 말을 삼키지 않는다. 마지막 소리를 처음과 같게 분명히 발음을 한다.

3. 실패할 때 당황하지 않는다.

초보자는 인형이 말을 할 때 틀리기 쉽다. 이럴 때 당황하지 말고 인형의 목소리로 고친다.

4. 인형의 목소리 연습

(1) 목소리의 높낮이를 변화시킨다.

① 평상시 발성으로 하되 평상시보다 목소리를 두 음계 높인다.

② 평상시보다 조금 낮은 목소리를 낸다.

③ 목소리를 더 낮춘다.

(부자와 거지의 경우)

┌ 하인(가성)　　　　　　　　　　　　 빨리 빨리 가!
├ 거지(평음) 아저씨 밥좀 주세요
└ 부자(변성)　　　　　　 아니 웬녀석이!

(2) 평소보다 빠르거나 느리게 한다.

(부자와 거지의 경우)

┌ 아브라함(평음, 느리게) 나—는—아—브—라—함—이—니—라—나—를—쳐—다—보—아—라.
└ 부자(변성, 빠르게) 여기는너무너무뜨거워죽겠어요 아브라함님여기서구해주세요

(3) 말씨를 바꾼다. 경상도, 충청도, 전라도, 제주도,

이북, 강원도, 사투리를 섞어서 사용한다.
　(통행에 불편을 드려서 미안합니다의 경우)
　① 경상도 사투리
　댕기는데 걸거치게 해서 미안합니데이
　② 충청도 사투리
　건너가는데 걸치작거리서 미안해 유-우
　③ 전라도 사투리
　댕기는데 성가시게 해서 참 미안시릅소 이
　④ 황해도 사투리
　댕기는데 걸러저거리게 해서라매 미안 하소다래
　⑤ 함경도 사투리
　댕기는데 거더부치게 해서 미안합소다
　⑥ 평안도 사투리
　동무! 길을 까부셨으니 걸치다거려서 미안하오
　　(4) 과감하게 음조를 바꾼다.
　(다윗과 골리앗의 경우)
다윗(고음) 야! 골리앗아 내가 나간다.
골리앗(저음)　　　　　　　　쥐방울 만한 놈!
　　(5) 들으라고 속삭이는 소리로 한다. 목소리로 호소하고 크게 속삭인다. 남자가 여자 목소리를 낼 때 사용한다.
　(아담과 하와의 경우)
강음(强音) 선악과를 먹으니 기분이 이상한데
약음(弱音)　　　　　　　　여보! 무서워요.
　　(6) 감정을 풍부하게 한다.
　(돌아온 탕자에서)
아버지(기쁜 감정으로) : 오! 하나님 감사합니다. 이렇게 기뽈 수가 !

탕 자(슬픈 감정으로) : 내가 아버지 집에서 나오지 않았어도 이렇게 괴롭지는 않았는데 !

(7) 입술을 내민다. 될 수 있는데로 입술을 내민 체 말을 하는데 발음에 주의한다.

거지(입술을 내밀고) : 나는 왜 바보가 되었을까 ? 알아맞춰 볼래 ?

(8) 턱을 늘어뜨린다. 매 음절마다 턱을 늘어뜨리고 말을 한다.

(삭개오의 경우)

⎡ 평음(보통소리) : 자 ! 오늘은 누구를 붙잡아서 세금을 매길까 ?
⎣ 턱을 늘어뜨린다 : 듬뿍 바가지 씌운 다음에 절반만 나라에 바쳐야지 !

(9) 목구멍 근육을 팽팽하게 하여 쉰 목소리를 낸다.

노인의 목소리의 경우는 숨이 거칠고, 느리고, 쉰소리가 난다.

⎡ 아이(고음) : 나는예수님이좋아요.
⎢ 청년(평음) : 우리 모두 신령과 진정으로 하나님께 예배 드립시다.
⎣ 노인(쉰소리) : 아ー이ー구ー힘ー들ー어ー죽ー겠ー네 !

(10) 코를 막는다(비음)

한쪽 코를 손으로 막거나 코로 목소리가 나오도록 발음한다. 예를 들면 맹꽁이 소리, 매미 소리 등에 사용한다.

비음(코소리) : 내 모소리가 왜, 코맹맹이 소리가 나지 ?

(11) 목소리를 굴린다. 발음을 할 때 떨면서 말을 한다.

(부자와 거지의 경우)
아브라함 : 나는 아브라함이니라 나를 쳐다보아라
   (12) 이상의 방법을 혼용한다.
   (목소리를 느리게+목소리를 굴린다)
아브라함 : 나-는——아-브-라-함-이-니-라——나-를-쳐-다-보-아-라

II. 입술의 움직임과 발성맞추기

   입술 움직임에 따라 말한다는 것은 인형의 입술 움직임에 따라 말한다는 것과 시간적으로 일치시키는 것이다. 이것은 좋은 인형극에 있어서 필수적이다. 입술 움직임에 따라 말하는 것은 어렵지 않으나 많은 연습이 필요하다.
   (1) 말을 묻지 않는다.
   많은 초보자는 인형의 입으로 말을 무는 경향이 있다. 조용히 입을 열고 닫을 때에 "안녕"한다. 입을 열고 닫을 때에 "하" 하고, 또 입을 열고 닫을 때에 "십" 하고, 입을 열고 닫으면서 "니" 하고, 다시 입을 열고 닫으면서 "까." 각 단어와 음절을 물으면서 "안녕하십니까?"를 반복한다.
   (2) 인형의 입을 여는 것과 동시에 말을 한다. 이것은 말과 인형의 입이 일치되는 것을 말한다.
   (3) 인형이 말하지 않을 때에는 인형의 입을 닫는다.
   초보자의 경우는 두 인형이 대화를 할 경우에 말하지 않고 듣는 인형도 입을 벌리고 있어서 어떤 인형이 말을 하는지 구별이 쉽지 않을 때가 있다.

(4) 입을 얼마나 벌릴 것인가?

인형의 입놀림과 목소리를 일치시키는 것을 처음 배울 때는 천천히 말하고 인형의 입을 넓게 벌리는 것이 도움이 된다. 어느 정도 익히게 되면 고함을 치거나 흥분했을 때 최대한으로 벌린다.

(5) 빨리 말하기

될 수 있는 대로 매 음절마다 인형의 입을 열었다 닫았다 한다. 이것이 어려우면 어떤 음절과 짧은 단어는 합쳐서 말한다.

예) "나는 마을로 간다"를 세번 입을 열고 닫는다.

III. 성대묘사

1. 휘파람 소리음

① 새소리(휘파람＋촉촉촉)

먼저 휘파람 소리를 연습하고, 그 다음에 말로 촉촉촉 소리를 낸다. 이번에는 휘파람을 불면서 촉촉촉 소리를 낸다.

(새소리) 휘――촉촉촉촉촉― 휘―촉촉

② 톱연주

(가성＋휘파람 소리＋소리를 굴린다)

그림110

2. 닭소리음

① 닭소리(가성사용)

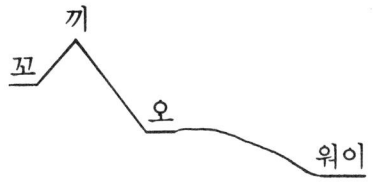

② 강아지 소리(가성사용, 음을 딱딱 끊는다)

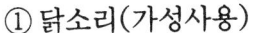

3. 특별음
① 따발총소리(트림이+가래 끓는 소리)
먼저 입으로 숨을 내쉬면서 아랫입술과 윗입술을 떠는 연습을 한다.
　예) 프 ~~~~~~~~~~~~~ , 프 ~~~~~~~~~~~~~
다음은 가래 끓는 소리를 연습을 한다.(침뱉기 일보직전의 모습)
　예) 크윽 ~~~~~~~~~~~~~ , 크윽 ~~~~~~~~~~~~~
그런 다음에 위에 두 소리를 합해서 발음을 한다.
　예) 폭 ~~~~~~~ 프푹(으악!) ~~~~~~~ 폭 ~~~~~
② 바람소리
마이크를 가까이 대고 휘파람을 불듯이 입을 오므리고 소리를 낸다.
　예) 휘
③ 천둥소리(가래 끓는 소리)
마이크를 가까이 대고 가래 끓는 소리를 낸다. 실제로 연습을 해보자.
④ 아기 우는 소리(가성사용)

예) 응에 ～～～～ 응에 ～～～～～～～

⑤ 그 외에 포소리, 개구리 소리, 맹꽁이 소리, 상여 소리…… 등 수십가지가 있지만 지면상 생략하고 후에 성대묘사에 관한 것만 다루고자 한다.

제 5 장

인형극 연출법

제 5장 인형극 연출법

Ⅰ. 인형극 연출에 대하여

1. 인형극 연출의 3원칙
(1) 인형은 언제나 관객쪽을 향해야 한다.
(2) 말하고 있는 인형은 움직이고, 듣고 있는 인형은 움직이지 않는다.
(3) 인형의 움직임을 과장해야 한다.

2. 인형극 연출에 대하여
(1) 연습을 충분히 하라
거울을 보면서 말과 인형의 입을 일치시키고 동작을 익힌다.
(2) 대사를 보지 말라
간혹 초보자가 대사를 못외우고 볼 경우에는 인형의 자세는 언제나 숙여져 있는 것을 본다.
(3) 감정을 충분히 살려라
연출자가 슬프게 하면 슬픈 감정이 전달되고 기쁜 마음으로 하면 기쁜 감정이 전달되고, 신앙으로 전달하면 믿음으로 받는다.
(4) 말을 천천히, 크게, 또박또박 하라

대사가 빠르게 되면 내용을 이해할 수 없게 된다.
   (5) 무대 중심에서 하라
특별한 경우 외에는 무대 중심에서 연기를 한다.
   (6) 자신 없는 성대묘사는 삼가하라
연출자가 거지와 부자 목소리 등 2명 이상의 목소리를 낼 경우는 목소리가 약간이라도 차이가 있어야 된다. 자신이 없을 경우 도움을 청한다.
   (7) 실수를 재치있게 응용하라.
연기를 하다가 간혹 팔이 빠지거나, 예기치 못한 상황이 벌어졌을 때는 아이구! 하고 넘어져서 얼른 팔을 끼거나, 그때그때 상황에 따라 대처한다.
   (8) 꼭 인형을 보면서 하라
인형을 보면서 대화를 하고 동작을 해야 좋다.
   (9) 막 뒤에서 잡담하지 말라.
2명 이상의 교사가 연기를 할 때 잡담을 하면 마이크로 다 들리게 된다.

3. 인형극 연출의 기본자세
   (1) 입장과 퇴장
입장은 검지손을 세우고, 엄지와 새끼손가락은 약간 내리고 곧장 세워서 들어오고, 퇴장은 손을 연출자 쪽으로 돌려서 나온다.

(그림 111)

(2) 평상시의 기본자세

(그림 112-1)

(3) 두개의 인형의 시선은 같게 해야 한다.

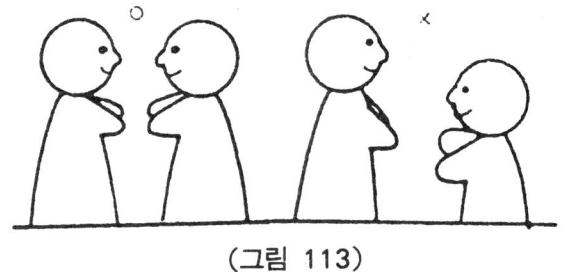

(그림 113)

II. 실감나는 인형극 연출법

(1) 허리를 굽히거나 머리를 숙여 인사하기

(팔목을 구부린다.)

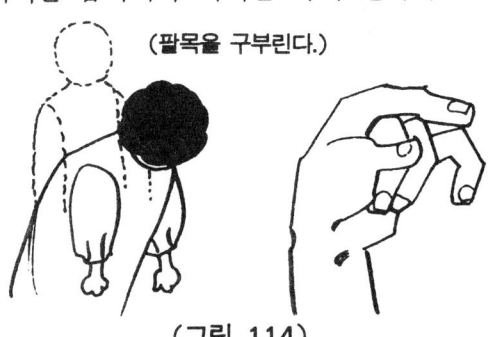

(그림 114)

(2) 박수치기
(엄지와 새끼손가락을 부딪친다.)

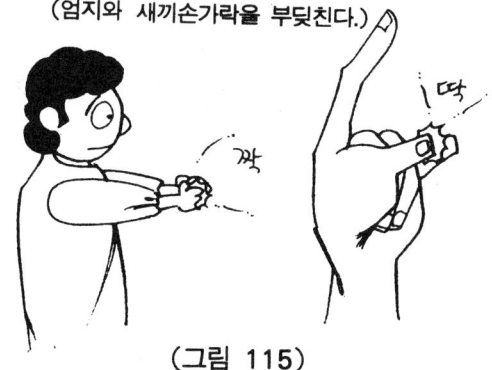

(그림 115)

(3) 싫다고 머리 흔들기
(손전체를 좌우로 흔든다.)

(그림 116)

(4) 긍정하기 (검지손을 앞으로 흔든다.)

(그림 117)

(5) 사람을 부르거나 소리를 칠 때
(엄지와 새끼 손가락을 위로 올리고 손목을 구부린다.)

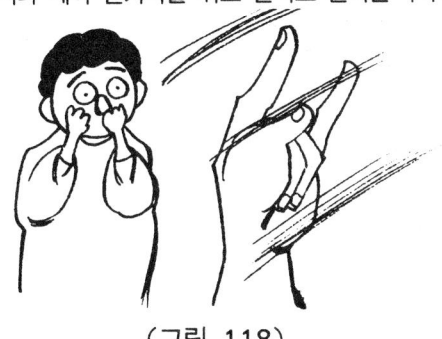

(그림 118)

(6) 부름에 대답하기
(새끼나 엄지손가락을 들고 약간 흔들며 간다.)

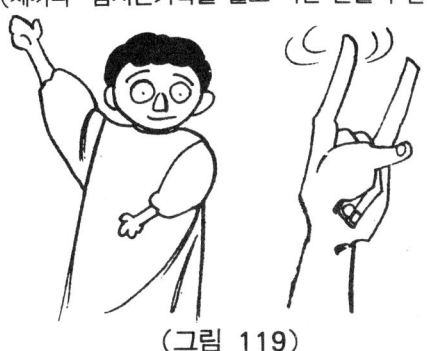

(그림 119)

(7) 생각하기 (손목을 약간 구부리고 엄지 손가락으로 머리를 만진다.)

(그림 120)

(8) 두려워하기 　(엄지와 새끼 손가락을 위로 올리고 손목을 약간 구부리고 흔든다.)

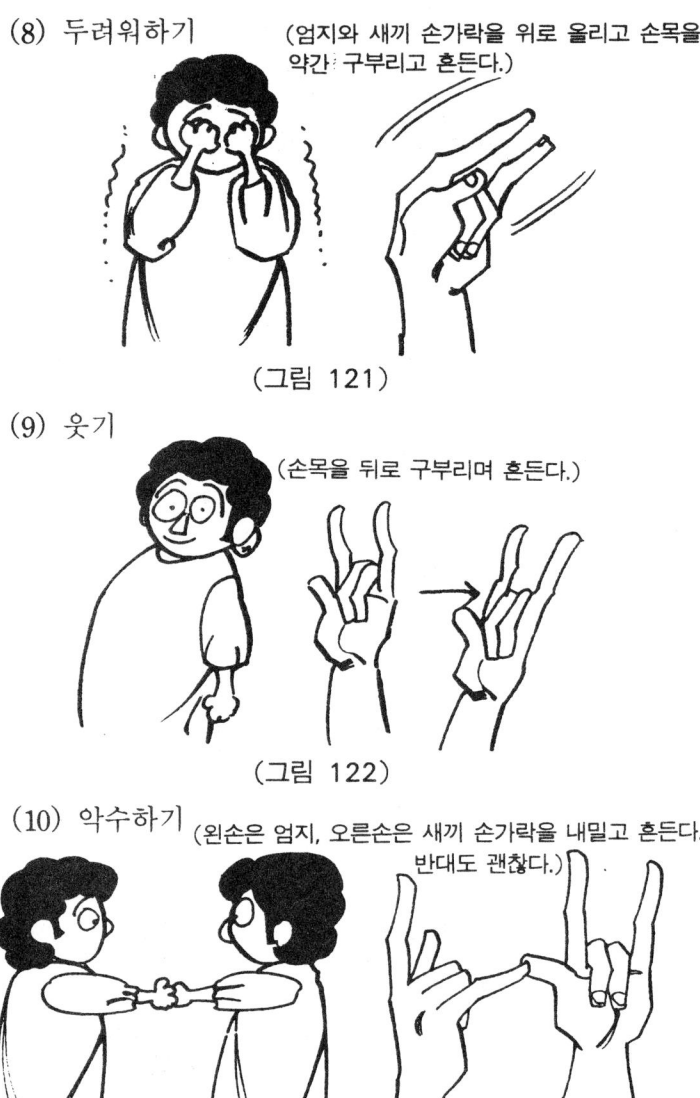

(그림 121)

(9) 웃기 　(손목을 뒤로 구부리며 흔든다.)

(그림 122)

(10) 악수하기 　(왼손은 엄지, 오른손은 새끼 손가락을 내밀고 흔든다. 반대도 괜찮다.)

(그림 123)

(11) 서로 안을 때

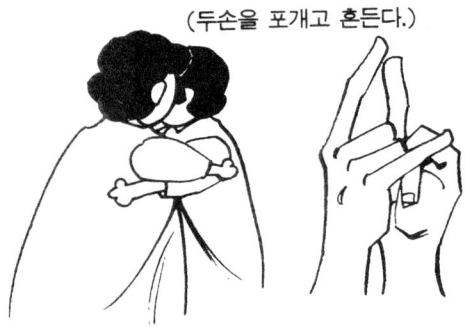

(그림 124)

(12) 상대방을 때릴 때

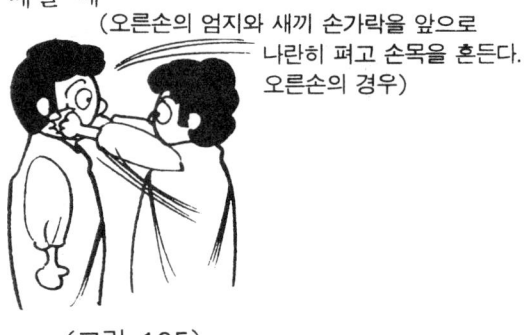

(그림 125)

(13) 무엇을 가르키기

(그림 126)

(14) 아픈모습 취하기
(손목을 구부리고, 손목을 좌우로 움직이며 피한다.)

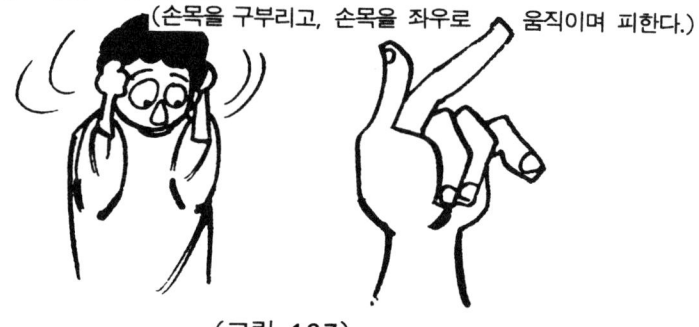

(그림 127)

(15) 돈을 주고 받기
(엄지와 새끼 손가락으로 돈을 잡고, 반대쪽 엄지와 새끼 손가락으로 잡는다.)

(그림 128)

제 6 장

인형극 대본

제 6 장 인형극 대본

I. 부자와 거지

나오는 인형 : 거지 나사로, 부자, 사리꾼, 상여, 마귀, 아브라
함
성   경 : 누가복음 16장 19절-31절

제 1 막

(무대 배경은 부잣집 그림, 음향효과는 겨울철 찬 바람 소리, 왼손에 거지, 오른손에 부자를 끼우고 닭소리가 들리며 막이 열린다.)

거 지 : (하품을 하며) 아이 추워! 그런데 나는 왜 엄마 아빠가 없을까?
오늘도 부잣집이 있으면 밥이나 얻어 먹어야지. (어린이들에게) 어린이 여러분, 어디 부잣집 봤어요? (어린이들이 뒤에 있다고 한다) 뒤에 있다고요? 어디? 정말이네! 여기는 집이 큰 걸 보니 먹을 것이 많겠구나. 아저씨, 밥좀 주세요!

부 자 : (목소리만 들린다) 아니 웬 거지가! 여봐라, 어서 거지를 쫓아버려라!

거 지 : 아저씨 밥좀 주세요. (무대 뒷쪽 사이로 들여다 본다)

하 녀 : (목소리만 들린다) 가, 아무도 없어!

거 지 : (깜짝 놀란다) 아이구, 깜짝이야. 아저씨, 그러지 마시고 밥좀 주세요.

부 자 : (등장) 아니, 이녀석이. 내가 가라고 했는데, 썩 꺼지지 못해!

거 지 : 아저씨 밥좀 주세요. 아저씨 집에는 먹을 것이 많이 있잖아요.

부 자 : 야, 이녀석아. 너한테 줄려면 우리집 개한테 주겠다. 이리와. 에~이! (때린다)

거 지 : 아이구! (쓰러진다)

부 자 : 재수없는 녀석 같으니. (퇴장)

거 지 : 배도 고프고, 매도 맞고. 아니야! 내가 이렇게 매만 맞고 갈 수 없어.

하나님을 모르는 아저씨한테 예수님을 전하고 가야지. (대문 그림 쪽으로 간다)
아저씨, 거지가 또 왔는데요, 아저씨한테 드릴 말씀이 있어요!
부　자 : (등장하며) 아니, 이녀석이 혼이 덜났구만. 그래, 할 말이 무엇이냐?
거　지 : 아저씨, 교회 나가서 예수님을 믿어보세요. 그러면 나중에 천국에 가게 돼요.
부　자 : 뭐라구? 나더러 예수를 믿으라구? 예수는 너 같은 거지나 믿는거야. 이리와, 에잇- (마구 때린다)
거　지 : 아이구, 윽- (쓰러진다)
부　자 : 오늘 재수가 없네. 에잇, 퉤! (침을 뱉는다. 퇴장)
거　지 : (구슬픈 피리소리가 들린다) 나는 여기서 죽을 것 같구나!
하나님, 저 부자 아저씨를 용서해 주세요. 윽- (막이 내린다)

제 2 막

(무대배경은 쓸쓸하고 차가운 길가 그림. 상여소리가 들리며 만장, 사리꾼, 상여순으로 등장)

만　장 : 〈후렴〉 어허~어화, 에회~오하
　　　　1. 빈손들고 태어났다 빈손들고 가는 인생
　　　　2. 북망산천 가는이몸 이제가면 언제오나
　　　　3. 안개같은 인생들아 언제갈지 뉘알수냐
　　　　4. 백년도 못살고 죽는부자 죄만짓다가 가는구나
　　　　5. 잘죽었네 잘죽었어 욕심장이 부자영감

제 3 막

(무대배경은 천국 그림. 찬송가 소리가 들리며 조명은 최대로 밝게 한다)
거　지 : (거지 옷을 벗고 멋있는 옷을 입고 나온다) 야! 이곳이 바로 천국이구나. 아, 이렇게 아름다울수가! 여기는 생명강도 흐르고, 생명나무도 있어서 누구든지 마음대로 열매를 따먹을 수도 있고. 야, 정말 좋구나!
아브라함 : (등장) 어서 들어오너라.

거   지 : 할아버지는 혹시 믿음의 조상 아브라함이 아니십니까?
아브라함 : 그렇단다. 내가 바로 아브라함 이란다. 그래, 세상에 살 때 고생 많이 했다는 소식을 들었다.
거   지 : 아브라함님, 이곳은 너무너무 아름다워요.
아브라함 : 그렇단다. 이곳이 천국이란다. 누구든지 이 천국에 들어올려면 아무리 착해도, 공부를 많이 해도, 돈이 많아도 들어올 수가 없고, 예수를 잘 믿어야 만이 들어올 수가 있단다.
거   지 : 그럼, 이 천국에 한번 들어오면 계속 살 수 있나요?
아브라함 : 그렇단다. 한번 들어오면 영원히 살 수 있단다. 자, 어서 들어가자꾸나. 예수님이 기다리신다. (둘 다 퇴장)

제 4 막

(무대배경은 지옥 그림. 빨간 조명을 켠다)

마 귀 : (갑자기 등장) 으하하하! 나는 마귀 사탄이다. 내가 이 ○○○교회에 나타난 것은 여기 있는 모든 사람을 유혹하여 지옥으로 데려가기 위해서지.
자, 여러분! 하나님은 죽었으니 하나님을 믿지 말고 나 마귀를 믿으라. ("싫다" 소리가 들린다) 뭐! 싫다고? 좋다, 이번엔. 주일날에는 텔레비젼에서 재미있는 것이 나오니 교회 나오지 말고 텔레비젼 보시요!
("싫다" 소리가 들린다) 나쁜 녀석들. 이번엔 교회에 와서 예배드리지 말고 떠들고 장난치시요! ("싫다" 소리) 좋다. 이번에는 내가 제일 싫어하는 것이 있다. 교회 나올 때는 친구 전도하지 말고 혼자만 나오시요! ("싫다" 소리)
나쁜 녀석들. 할 수 없다. 그러면 나는 간다. (손을 흔들며 퇴장 했다가 다시 등장) 너희들은 내 말을 안들었는데 여기 내 말을 들은 친구가 있다. 어서 들어와!

부 자 : (등장) 아이구, 뜨거워. 여기가 어딘데 이렇게 뜨겁지?

마 귀 : 으하하하. 여기는 유황불이 타는 지옥이다. 너는 세상에서 예수를 믿지 않고 죽었기에 이곳에 들어왔다.

부 자 : 마귀 아저씨, 한번만 용서해 주세요.

마 귀 : 한번 지옥에 들어오면 다시는 나갈 수 없다. 어서 들어가! (부자를 누른다)

부 자 : 아이구 뜨거워. (무대 밑으로 사라진다)

마 귀 : (어린이를 보며) 너희들도 이 부자처럼 예수를 믿지

　　　　　마세요！（싫어！）
하나님 : （음성만 들린다） 마귀야, 너도 그 지옥불 속으로 떨어져라！
마　귀 : 윽, 마귀 살려！
부　자 : （무대 밑에서 올라오며） 지옥이 이렇게 뜨거운지 몰랐구나. 누구 나 좀 살려주세요. 내가 그 거지녀석의 말을 듣고 예수를 믿었으면 이곳에 오지 않고 천국에 가는건데. 여보세요！ （관중을 보며） 여러분은 나처럼 이 지옥에는 한 사람도 들어오지 말고 전부 예수를 잘 믿으세요！

II. 욕심장이 심술통

나오는 인형 : 임금, 신하, 심술통, 가난한 사람
성   경 : 마태복음 18장 23절-35절

제 1 막

무대 배경은 궁궐 내부 그림. 궁중음악이 들리며 막이 열린다)

임 금 : 자, 올해도 다가는구나. 밖에 아무도없느냐?
신 하 : 부르셨습니까?
임 금 : 그래, 올해가 다 가기전에 이 나라가 잘되고 있는지 알아 보시오.
신 하 : 예, 그런데. 심술통 백성이 나라에 진빚이 있는데 아직 갚지 않고 있나이다.
임 금 : 그래, 그럼 그 심술통을 빨리 불러오도록 하여라.
신 하 : 예. (퇴장. 왼손에 신하를 빼고 심술통을 낀다)
임 금 : 나라의 돈을 빌려 갔으면 빨리 갚을 것이지, 내가 심술통이 들어오면 한번 알아봐야 겠구나!

심술통 : (등장) 임금님, 부르셨습니까?
임　금 : 네가 바로 심술통인가?
심술통 : 예, 그렇습니다.
임　금 : 왜, 아직도 나라의 빚을 갚지 않고 있느냐?
심술통 : 예, 저… 그런데…. 한번만 용서해 주십시요.
임　금 : 뭣이? 용서해 달라고? 넌 작년에도 봐달라고 했는데 또 봐달라고?
심술통 : 예, 워낙 형편이 어려워서 입니다.
임　금 : 그러면 너의 집이라도 팔아서 갚도록 하여라.
심술통 : (울면서) 아이고, 임금님. 다음해에는 꼭 갚겠습니다. 금년에 농사가 잘 되었으나 제 이웃에 불쌍한 사람이 많아서 도와주다 보니, 지금 저희 집에는 당장 저녁지을 쌀이 없나이다.
임　금 : 그래, 듣고보니 기특하구나. 그렇게 갚을 길이 없고 하니, 차라리 내가 아주 용서해 주리라. 네가 지은 빚을 다 용서해 주리라.
심술통 : 예! 아주 용서해 주신다구요. 임금님, 정말입니까?
임　금 : 그래, 네 이름을 장부에서 지워주겠다.
심술통 : 저…정말입니까? 아이구 감사합니다. 정말 감사합니다.
임　금 : 그래, 어서 나가서 열심히 살도록 하여라.
심술통 : 예, 예, 감사합니다.

제 2 막

   (집으로 가는 도중이다. 가다가 가난뱅이를 만난다)

심술통 : 야, 신난다. 내 빚이 없어졌어. 가만 이게 꿈인가? 때려 보자. 아야! 꿈은 아니구나.

가난뱅이 : (힘없이 등장)

심술통 : 야, 어딜 가는거야. 잘 만났다. 그렇지 않아도 자네 집에 가려던 중이야. 자네 내게 빚진 거 있지?

가난뱅이 : 네, 다 갚고 조금 남았습니다.

심술통 : 그런데, 왜 안갚나?

가난뱅이 : 제 사정좀 들어 보세요.

심술통 : 들어보나 마나 뻔한 거 아냐? 더이상 연기해 줄 수 없어!

가난뱅이 : 아저씨, 조금만 참아 주세요. 꼭 갚겠습니다.

심술통 : 뭐야? 참아 달라고? 어서 내놔!

가난뱅이 : 아저씨, 한번만 더 참아주세요. 내년에는 꼭 갚겠습니다.

심술통 : 이놈이 매를 맞아야 정신 차리나! 에잇! (때린다)

가난뱅이 : 아이구! 용서해 주세요. 아무리 힘써도 갚을 길이 없어요.
심술통 : 어서 내놔, 이놈아. 그렇다면, 네 자식들을 우리집 종으로 쓸테니까 어서 데려와!
가난뱅이 : 아저씨 너무하십니다.
심술통 : 너무하긴 뭐가 너무해, 에잇- (마구 때린다)

제 3 막

(무대 배경은 1막의 궁궐 그림)

임 금 : 그런데, 이 나라에 이상한 소문이 있는데 한번 알아봐야 겠구나. 여봐라.
신 하 : (등장) 예.
임 금 : 이 나라에 어떤 부자가 가난한 사람을 때리고 옥에 가두었다는 소문이 있는데 알아보도록 하시오.
신 하 : 예, 그것은 얼마 전에 임금님께서 많은 돈을 용서해 준 심술통 입니다.
임 금 : 뭣이? 당장 가서 그 심술통 놈을 끌고 오너라.
신 하 : 예. (퇴장하고 심술통 인형으로 바꾼다)
임 금 : 그런 나쁜 놈이 있나. 용서를 받았으면 용서해 주어야지.
신 하 : (목소리만) 임금님, 심술통을 데려왔습니다.
임 금 : 들여보내도록 하여라.
심술통 : 임금님, 안녕하십니까?
임 금 : 그래, 자네가 가난한 사람을 때리고 옥에 가두었다고?

심술통 : 제가 안그랬습니다.
임 금 : 그렇다면, 어린이들이 봤을지 모르니 물어봐야지. 어린이 여러분 (예!) 누가 가난한 사람을 때렸어요? ("심술통이요") 거 보아라. 네가 때린 것을 다 보았느니라. 여봐라. 어서 이 사람을 끌어내 옥에 가두고 돈을 다 갚을 때까지 때리도록 하여라.
심술통 : 임금님, 용서해 주세요. (퇴장)
임 금 : 누구든지 심술통 같이 용서해 주지 않는 백성은 모두 옥에 넣으리라!

III. 삭 개 오

나오는 인형 : 삭개오, 하인, 철이아빠, 예수님(인형 4개 준비)

준 비 물 : 종이돈

제 1 막

(무대 배경 : 부자집을 그린 그림)

삭개오 : (오른손에 끼고 오른쪽에서 등장) 야! 오늘도 날씨가 참 조오~쿠나. 이렇게 좋은 날엔 야외에 나가서 캠핑이나 하면 좋겠지만, 나 같은 세금쟁이야 세금 거두는 게 제일이지. 자, 오늘은 누구를 붙잡아서 세금을 매길까?
듬뿍 바가지 씌운 다음에 절반만 나라에 갖다 바치고 나머진 내가 슬쩍! 히히히, 세금쟁이란 정말 즐거운 직업이란 말야. 그런데, 이놈의 하인은 어디 갔지? 여봐라, 게 아무도 없느냐?

하 인 : (왼쪽에서 급하게 나타난다) 부르셨습니까, 주인 나리?

삭개오 : 아니, 어딜 갔다 왔느냐? 집안 일이 산더미 같은데.

하 인 : 주인님이 심부름 시켜서 갔다 왔잖아요.

삭개오 : 아, 그랬던가? 그럼 말을 허지. 어서 마당도 쓸고 집안 청소를 깨끗이 하도록 해라.

하 인 : 예, 예, 알겠습니다요. 주인 나리. (왼쪽으로 퇴장)

삭개오 : 쯧쯧쯧…, 게을러서 뭘 시킬 수가 있어야지. 허엄. 자, 오늘은 아랫마을 철이네 집으로 가볼까?
(삭개오 퇴장. 철이 아빠가 왼쪽에서 등장하고 반대쪽에서 삭개오가 급히 다시 나타난다)

철이아빠 : 오늘은 장사가 잘 되어 돈을 좀 벌었으니 할머니 약이나 사야지.

삭개오 : 야! 너 이놈 오늘 잘 만났다.

철이아빠 : 아이구, 깜짝이야. 누구세요?

삭개오 : 자네, 어디 가는 길인가? 마침 자넬 만나려고 너희 집으로 가려던 참인데 잘 만났구나.

철이아빠 : 무…무슨 일이신데요?

삭개오 : 이놈 봐라. 모른체 시치미를 딱 떼는구나. 나를 보고서도 무슨 일인지 모르겠다니 교육 좀 받아야겠구나.

철이아빠 : 그러지 말고 말씀해 보세요, 나리. 제가 무슨 잘못을 했는지….

삭개오 : 이리 내놔.

철이아빠 : 뭘요?

삭개오 : 잔말 말고 빨리 내놔!

철이아빠 : 뭘요?

삭개오 : 이것 봐라, 이 나라 백성이라면 당연히 세금을 내어야 하거늘 세금을 떼어 먹겠다는 소리냐? 빨리 내놔!

철이아빠 : 아니, 지난 번에 드렸잖아요.

삭개오 : 그건 지난 달 세금이잖아. 어서 이 달치 내놔!

철이아빠 : 지난 달 세금이라고요? 저는 이 달 세금까지 계산해서 낸 줄 알고 있는데 그럴리가…

삭개오 : 시끄러워! 나랏님께 바칠 세금이 얼마나 많은데 허튼수작을 부리다니. 내가 그런 계산도 못할 사람인 줄 알았느냐?

철이아빠 : 저야 무식해서 뭘 알 수 있어야죠. 그저 한 번만 봐주세요. 며칠 있다가 드릴께요.

삭개오 : 어림 없는 소리 말어. 내 손에 걸려서 무사히 넘어간 사람이 하나도 없는 줄 몰라?

철이아빠 : 나리, 한 번만 봐주세요. 네?

삭개오 : 이놈이 맛좀 봐야 정신을 차리겠구나. 에~잇! (때린다)

철이아빠 : 윽! (쓰러지며 신음소리를 낸다)

삭개오 : (쓰러진 인형 속에서 종이돈을 꺼낸다) 돈도 많으면서 엄살을 부리다니. 못된 놈 같으니라고. 허험. 오늘도 수입이 조~쿠나. 이제 슬슬 가보실까?

철이아빠 : 아… 하나님, 저 못된 세리장이를 용서해 주세요. (비틀거리다가 다시 쓰러진다)
― 막이 내린다 ―

제 2 막

(무대 배경 : 길가 풍경)

삭개오 : (오른쪽에서 등장) 야, 온 동네가 시끄럽구나. 웬일이지?
(사방을 둘러보다가) 옳거니, 오늘 바로 나사렛 예수란 사람이 우리 마을에 오신다고 했지. 나도 가 봐야지.

(뛰어가려다가 멈춘다) 그렇지만 예수란 사람이 과연 나를 만나주실까? 나 같이 못된 세리장이를… 가만 있자… 어떻게 한담? 옳지. 뽕나무 위에 올라가 보면 되겠구나. 나는 역시 머리가 좋단 말이야. 히히히. (오른쪽으로 퇴장)

예수님 : (왼쪽에서 등장) 수고하고 무거운 짐진 자들아, 다 내게로 오라. 내가 너희를 쉬게 하리라. (이때 삭개오는 오른쪽 무대 위에 등장) 아니, 누가 나를 보려고 나무 위에 올라가 있구나. 삭개오야, 속히 내려오너라.

삭개오 : 아니, 예수님이 어떻게 내 이름을 알고 계실까?

예수님 : 삭개오야, 어서 내려오너라. 내가 오늘 밤 너희 집에서 쉬다 가겠노라.

삭개오 : 예, 예수님이 나 같은 사람의 집에요? 이…이럴수가. 예수님, 내려갈께요. 내려간다구요. (밑으로 내려온다)

예수님 : 자, 너희 집으로 가자꾸나. 네가 앞장 서도록 하라.

삭개오 : 감사합니다, 예수님. 감사합니다, 예수님.
(몇번이고 가다가 절 하고 가다가 절 한다) 저, 예수님. 저도 죄를 용서받을 수 있나요? 저는 정말 예수님을 닮고 싶어요.

예수님 : 네가 지은 모든 죄를 진심으로 회개하느냐?

삭개오 : 그러믄요, 예수님을 만나고 나니 너무너무 좋은 걸요. 이제부터 저는 재산의 절반을 가난한 자들에게 나눠주고 남에게 빼앗은 것을 4배로 갚겠습니다. 정말입니다.

예수님 : 그래, 오늘 구원이 이 집에 이르렀으니 삭개오 너도

아브라함의 자손이로다.
삭개오 : 예수님! 저는 정말로 예수님이 좋아요. (관중을 향해 손을 들며) 예수님이 좋아요!
(퇴장. 막이 내린다)

Ⅳ. 아브라함과 이삭

나오는 인형 : 아브라함, 이삭, 농부1, 농부2
성   경 : 창세기 22장 1절-9절

제 1 막

(무대 배경 : 아브라함의 기도처)

아브라함 : 이삭아! 이삭이 어딜 갔지? 내 아들 이삭이 어딜 갔을까?

이 삭 : (등장) 예! 아버지 부르셨어요?

아브라함 : 어딜 갔다 오느냐? 이삭아, 너 아비지말 잘 들 거라!

이 삭 : 예, 아버지

아브라함 : 집에서 멀리 떠나 놀지 말고 어디 갈 때는 꼭 얘기 하고 가야 한다. 다 너를 사랑하기 때문이다.

이 삭 : 예, 아버지.

아브라함 : 그리고, 한 가지 꼭 기억할 것이 있다.

이 삭 : 아버지, 말씀해 보세요.

아브라함 : 네 마음 속에 하나님을 잊어서는 안된다. 알겠느냐?
이　삭 : 예, 아버지. 전에부터 늘 하신 말씀 아니에요. 명심하고 있습니다.
아브라함 : 이삭아, 고맙다. 그럼 너는 먼저 집에 들어가라. 나는 하나님께 기도드린 후 들어가겠다.
이　삭 : 예, 아버지. (퇴장)
아브라함 : 하나님 아버지, 감사합니다. 하나님의 축복으로 소나 양도 많이 있고, 더욱 감사하는 것은 제가 늙었으나 하나님께서 아들 이삭을 주셔서 감사합니다. 제 아들 이삭이 잘 자라도록 지켜주세요. (계속 기도하다가 잠이 든다)
하나님 : (목소리만) 아브라함아!
아브라함 : (일으키며) 예, 하나님. 제가 여기 있습니다.
하나님 : 네가 나를 사랑하느냐?
아브라함 : 예, 하나님. 제가 하나님을 사랑합니다.
하나님 : 아브라함아, 네 사랑하는 외아들 이삭을 데리고 모리아산으로 가서 나를 위하여 제물로 바쳐라!
아브라함 : (약간 머뭇거리며) 예, 하나님. 내 아들 보다도 하나님을 더 사랑합니다. (힘없이 일어나 퇴장)

제 2 막

(농부들이 일을 하다가 등장)

농부 1 : 이보게 친구, 빨리 오게. 뭘 그리 생각하고 있나?
농부 2 : 이보게. 내 참 이상해.
농부 1 : 뭐가 그리 이상한가?
농부 2 : 오늘 아브라함을 봤는데, 불쌍하다는 생각이 들었어.
농부 1 : 뭐가 그리 불쌍한가? 그분은 하나님을 믿어서 축복받았고, 아들도 생겼잖아.
농부 2 : 글쎄, 오늘 제사드리러 가는 것 같은데, 나무를 가지고 가는데 양은 못보았어.
농부 1 : 아브라함이 하는 일은 믿는 게 좋아. 설마 아들을 제물로 바칠라구!
농부 2 : 아니야, 틀림없어. 아들을 제물로 바칠려고 하는 거야.
농부 1 : 이 사람이. 설마 하나님이 아들을 바치라고 했을까? 그러지 말고 어서 일이나 하러 가세!
농부 2 : 정말이래두. 거보라고. 하나님을 믿으면 그렇게 된다고. 자네도 하나님 믿지 말고 나처럼 살자구.
농부 1 : 아니야, 혹시 하나님이 아들을 바치라고 했어도 거기에 분명히 뜻이 있을 거야.

제 3 막

(무대 배경은 제단이 있는 그림)

아브라함 : (칼을 들고) 이삭아! 너를 묶었는데 무섭지 않느냐?

이　삭 : 무섭기는요, 아버지께서 하시는 일인데요.

아브라함 : 정말로 괜찮겠느냐?

이　삭 : 예, 그런데 불과 나무는 있는데 제물로 바칠 양은 어디 있어요?

아브라함 : 으-음. 그것은 하나님이 이미 예비하셨단다.

이　삭 : 준비하셨다고요? 양이 보이지 않는데요?

아브라함 : 음, 그게- 사실은…, 하나님이 너를 재물로 바치라고 했단다.

이　삭 : 저를요? (놀라다가 가라 앉는다)

아브라함 : 자, 할 수 없구나. 어서 눈을 감아라. 에잇 (칼을 든다)

하나님 : (음성만) 아브라함아! 아브라함아!
아브라함 : (칼을 내리고) 예, 하나님. 제가 여기 있습니다.
하나님 : 그 아이에게 손을 대지 말라. 네가 네 아들 독자라도 아끼지 아니하였으니 이제 큰 축복을 내리겠노라!
아브라함 : (감격하며) 하나님, 감사합니다.
하나님 : 네 자손으로 하늘의 별과 같이 바닷가에 모래 같이 할 것이며, 너로 큰 민족을 이루게 하고 네 후손으로 천하만민이 복을 받으리라.
아브라함 : 감사합니다. 이삭아! 하나님은 우리를 사랑하신 단다.
이   삭 : 아버지, 저쪽을 보세요. 나뭇가지에 수양이 걸려 있어요.
아브라함 : 하나님이 주셨구나. 어서 제사드리자.

V. 시험을 이긴 욥

나오는 인형 : 욥, 아내, 친구, 종, 마귀
1막(욥의 집앞), 2막(1막과 동일), 3막(들판)

제 1 막

욥 : 오늘 날씨가 참 좋구나. 우리 소나 양들은 잘 있나 모르겠군. 하나님은 내게 너무 많은 축복을 주셨어. 자녀도 열명이나 되고 칠천마리의 양 떼와 낙타가 삼천마리, 소가 오백쌍에 암나귀가 오백이고, 종들도 수백명이나 되니 말이야. 나는 늘 하나님께 감사드리고 예배도 잘 드려야지.

하 인 : 주인님, 여기 계셨군요. 소가 또 새끼를 낳았어요.

욥 : 좀 천천히 말해라. 무슨 말인지 잘 모르겠다. 그래 소가 새끼를 또 낳았다고. 참 기쁘구나. 그래 어떠하더냐?

하 인 : 아주 건강합니다요.

욥 : 기분이 참 좋구나. 우리 하나님께 감사를 드리자꾸나. 한 번 보러가자. (퇴장)

마 귀 : (등장) 낄낄낄, 난 마귀다. 난 항상 사람들에게 죄를 짓게 하고 예수를 못믿게 하지. 네 놈 욥도 너무 팔자가 편하니까 하나님을 잘 믿지, 조금만 재산을 잃으면 하나님을 원망할 것이다. 이놈아!

하나님: (목소리만) 사탄아! 네가 나의 종 욥을 어찌그리 함부로 말하느냐?

마 귀 : 이크, 하나님이구나. 그러나 내 말이 뭐 틀렸나요? 사실 욥이 재산이 많으니까 하나님을 찬양하지, 알거지가 된다면 그땐 하나님을 저주하고 원망할 것입니다.
하나님 : 그렇다면, 욥의 몸은 건드리지 말고 그의 자녀와 재산을 네 마음대로 해 보아라!
마 귀 : 좋습니다. 헤헤헤. 이제 욥의 재산은 모두 내 손 안에 있소이다. 그의 재산과 자녀들은 오늘로 다 없어진다. 으하하-

제 2 막

욥 : 참으로 이상하다. 오늘은 뭔가 불길한 일이 일어날 것만 같구나. 도대체 무슨 일일까? 두려운 마음이 생기는구나.
하 인 : 흑흑흑, 큰일 났습니다. 주인님.
욥 : 크-큰일이라니? 어서 말을 해 보아라.
하 인 : 아드님과 따님 두 분이 생일잔치를 하다가 갑자기 집이 무너지는 바람에 모조리 돌아가셨습니다.
욥 : 무-무엇이? 아! 이럴수가 있다는 말이냐?
하 인 : 그리고 들판에서 돌아온 종들이 전하는 말에 의하면 무서운 도둑떼가 습격하여 주인님의 모든 재산을 모조리 빼앗아 가고 종들은 죽었다고 합니다.
욥 : 오! 하나님. 으흐흑! 주신 자도 하나님이시오니 하나님께서 영광을 받으시옵소서! (퇴장)
마 귀 : (등장) 첫 실패다. 실패로 끝나버렸어. 지독한 녀석,

자식을 다 잃고, 재산을 다 잃고 알거지가 다 되었는데도 하나님을 찬양해?
하 나 님 : 네가 내 종 욥을 이제야 알았느냐? 그와 같이 정직하고 믿음 좋은 자가 세상에 없느니라. 네가 아무리 욥을 쳤으나 그는 끝내 나를 원망하지 않았느니라.
마   귀 : 하나님! 욥이 비록 재산은 잃었으나 몸이 건강하니 하나님을 찬양하는 것입니다. 만일 그의 몸을 병들게 하여 괴롭힌다면 그는 반드시 하나님을 욕할 것입니다.
하 나 님 : 그래? 그렇다면 그의 생명은 건드리지 말고 네 마음대로 그의 몸을 괴롭혀 보아라.
마   귀 : 히히히. 이제 됐다. 세상에서 가장 괴롭고 고통스러운 병을 욥에게 주어야지. 옳지! 온 몸이 가렵고 아파서 잠도 못자는 피부병을 주어야지!

제 3 막

욥 : 아니, 갑자기 왜 온 몸이 이렇게 가렵단 말인가? 으윽, 정말 견딜 수가 없구나. 오! 하나님. 저를 구해 주시옵소서. 아! 가려워서 견딜 수가 없구나. (아내 등장)
아   내 : 홍, 이제 병까지 걸렸네? 아니 그 꼴이 돼 가지고 하나님을 찾아요? 차라리 하나님을 저주하고 죽어 버려요.
욥 : 아니, 무슨 말을 그렇게 하는거요? 하나님이 나에게 복을 주실 때는 하나님을 찬양하다가 어려운 일 당

한다고 하나님을 욕하진 말아요! 나는 그럴 수 없소이다.

아 내 : 흥, 난 이제 당신 말에는 더 이상 속지 않겠어요. 난 떠나기로 했어요.

욥 : 떠나다니? 아니 어디로 가겠다는 것이요?

아 내 : 당신 같은 병든 거지와 살 수 없다는 말이예요. 잘 있어요. (퇴장)

욥 : 여보! (가다가 쓰러진다) 오! 하나님. 온 세상 모든 사람들이 나를 버린다고 해도 하나님은 저를 버리지 않으시는 줄 저는 알고 있습니다. 부디 저를 구원해 주십시오. (음악)

엘리바스 : 아니, 욥, 이게 웬일인가? 자네가 망했다는 소식을 들었지만 이꼴이 되다니…

욥 : 나의 친구, 엘리바스. 나는 너무 괴로워 죽을 것만 같아. 차라리 내가 세상에 나지 않았더라면 좋았을 거야!

엘리바스 : 내가 할 말은 아니지만, 자네 생각해 볼 게 있어. 세상에 모든 고통은 자기의 죄 때문에 닥치는 거야. 욥! 자네 무슨 죄가 있지? 하나님께 회개하게!

욥 : 이것 보게, 엘리바스. 나는 늘 지은 죄가 있으면 남김 없이 하나님께 고백하고 용서를 받았네. 어찌 날더러 죄를 회개하라는 것인가?

엘리바스 : 욥, 자넨 너무 교만하군. 그렇다면 하나님이 까닭 없이 자네를 괴롭힌다는 말인가? 어찌 하나님께서 까닭없이 재앙을 내리신단 말이요. 빨리 회개하시오, 욥!

욥 : 한 번 회개한 것은 다시 회개할 필요가 없네. 난 그동안 지은 죄는 그때 그때마다 하나님께 회개했고, 하나님은 나의 죄를 용서해 주셨다네.

엘리바스 : 여보게! 욥. 그렇다면 죄가 없다는 말인가?

욥 : 내 죄는 이미 하나님이 용서해 주셨네.

엘리바스 : 그러면 왜, 죄없는 자네에게 이 무서운 벌이 임했나?

욥 : 벌인지 시험인지 자네가 어찌 알겠는가?

엘리바스 : 시험? 시험이라고? 홍, 평계가 좋군.

욥 : 자네도 나를 믿어주질 않는군. 아아 괴롭구나.

하나님 : (목소리만) 무지한 말로 진리를 가리우는 자가 누구인가? 엘리바스야! 너는 어찌하여 나의 종 욥을 정죄하느냐? 너는 어서 욥에게 잘못을 빌어라. 욥은 나의 가장 사랑하는 나의 종이니라.

엘리바스 하나님, 제가 잘못했습니다. 욥! 나를 용서해 주게.

욥 : 괜찮아. 엘리바스!

하나님 : 욥아! 너는 이제까지 무서운 시험을 잘 이기었다. 마귀는 이제 너에게서 도망갔도다. 보아라, 너의 몸이 다 낫지 않았느냐?

욥 : 그렇습니다. 야! 몸도 거뜬해지고 아픈 자리가 사라졌습니다.

하나님 : 이제 나는 너에게 큰 복을 내리겠다. 아름다운 아내와 많은 자녀들, 그리고 과거에 있었던 재산의 두배를 너에게 주겠노라. 그 이유는 네가 무서운 시험 속에서도 나를 원망하지 않고 믿음을 지킨 까닭이니라!

욥　　 : 오! 하나님. 감사합니다.
하나님 : 누구든지 어려운 시험을 당할 때 나를 원망하지 말고 굳게 믿음을 지킬지어다. 그러면 마귀는 물러가고 곧 큰 축복을 얻을 것이니라!

부 록

부 록

□ 인형의 머리제작을 위한 얼굴

□ 성경인물의 머리제작을 위한 얼굴

□ 인형제작을 위한 동물 그림들

'시계추신자'서 '전천후전도사'로

어떤 것에서 인생의 참다운 가치를 찾을 것인가. 신앙 안에서 산다는 것의 의미는 무엇일까.
내 머리 속은 온통 이런 질문들로 가득차 있었다. 지금껏 온상의 채소처럼 굴곡없는 신앙생활을 해온 나로서는 교회를 벗어난 생활은 상상도 할 수 없었다. 그렇다고 무언가를 위해 적극적으로 뛰어들만한 신앙생활도 하지 못하고 있었다. 그러던 어느날 나는 한없이 무능하게만 느껴지는 내 자신에게 치명적인 질문을 던지지 않을 수가 없었다.
「도대체 네가 한 일이 무엇이냐. 크리스천이라 하면서도 적극적인 전도를 해본 적도 없지 않았느냐」
나는 이런 질문에 대해 즉각적인 답변을 했다.
「그동안 교회학교에서 교사로 봉사해오지 않았느냐」
어린이들에게 남다른 애정을 갖고 있는 것은 부인할 수 없는 사실이었다. 그러나 이것은 어쩌면 최소한의 체면유지를 위한 봉사생활인지도 몰랐다. 모태신앙인으로서 그저 집과 교회사이를 오가는 「시계추 신자」가 될 수는 없다는 생각 때문에 교회학교 교사로서의 생활을 시작했는지는 몰랐다.
「한 영혼을 구원한다는 것이 얼마나 귀한 일인가를 생각해 본 적이 있느냐?」
나는 이 질문에 대해 침묵을 지켰다.
비교적 시련없이 순탄한 신앙생활을 해온 나로서는 「영혼구원」이라는 그 말이 그렇게 의미있는 말로 들리지가 않았다. 그저 생활의 한 부분처럼 자연스럽게 교회학교 교사로 일해 오고 있었던 것이다.

하나님께서는 내게 특별한 손재주를 허락해 주셨다. 시청각교재를 개발해서 성경공부를 시작했더니 아이들의 반응이 의외로 좋았다.

나중에는 미숙하나마 인형극을 선보이게 됐다. 그런데 이를 통해 예상못한 결과가 나타났다. 완악하기로 소문이 났던 어린이가 회개기도를 했고 아이들의 모습이 몰라보게 달라진 것이다. 그제서야 나는 나의 달란트가 무엇인지를 깨닫게 됐다.

「하나님, 바로 이것이었군요. 이제 제 사명이 무엇인지를 분명히 깨달았습니다. 어린이선교의 도구로 저를 삼아 주소서」

나는 비로서 하나님께 감사의 기도를 드렸다. 아무것도 할 수 없다고 생각했던 「과거의 나」를 훌훌 벗어버리고 「새로운 피조물」로 다시 태어나는 순간이었다.

나의 사명을 깨달은 후부터 전국을 다니며 인형극 공연을 시작했다. 「부자와 거지」 「다윗과 골리앗」 등 성경에 등장하는 인물들의 이야기를 쉽게 풀어서 인형극으로 옮겼더니 놀라운 반응이 나타났다. 남녀노소 할 것 없이 깊은 관심을 표명한 것이다.

88년부터 인형극 공연을 시작한 이래 지금까지 전국을 주비며 3백여회의 공연을 가졌다. 어느 교회에서는 한꺼번에 3백 50명의 불신자가 결신을 하는 이적이 일어나기도 했다. 공연을 요청하는 곳은 어디나 달려가고 있다. 수십리나 되는 논길을 터벅터벅 걸어가면서도 내입에서는 찬송소리가 그치질 않는다. 이제야 나는 진정 가치있는 삶이 무엇인지를 분명히 깨달았다.

국민일보 간증기사

| 판 권 |
| 소 유 |

주일학교 선교원/ 유치원 선생님을 위한

손인형극 교본

2000년 11월 10일 1판 1쇄 발행
2011년 11월 20일 1판 5쇄 발행

편 집 ● 서 성 복
발행인 ● 김 수 관
발행처 ● 도서출판 영문

등록 / 제 03-01016호(1997. 7. 24)
주소 / 서울시 은평구 역촌동 10-82
전화 / (02) 357-8585
FAX / (02) 382-4411
E-mail / kskym49@yahoo.co.kr

ISBN 89-87697-031-5(73230) 값 **5,000원**

* 본서의 임의인용·복제를 금합니다.
* 파본·낙장은 교환해 드립니다.